*Die größte Magie,
die es gibt, ist die
Magie der Worte.*

Wort Welten

Herzlich willkommen in der faszinierenden Welt der Bücher – einer großen und unbeschreiblich magischen Sphäre, die auch unsere Heimat ist. Seit vielen Jahren sind wir hier zuhause und immer wieder von den vielfältigen Welten und Büchern, die sie bietet, fasziniert. Bücher besitzen die einzigartige Gabe, uns zu inspirieren und voranzubringen. Manche davon sind wie ein kleiner Urlaub, andere stellen eine Herausforderung dar, während wiederum andere uns tief berühren.

Unabhängig von deinem bevorzugten Genre oder den Büchern, die dich begeistern und in ihren Bann ziehen, kannst du hier all deine Leseerfahrungen, Meinungen und Emotionen festhalten. Falls du ein Buchblogger bist, kann dieses Buchjournal dir dabei helfen, deine Rezensionen zu strukturieren. Und wenn du einfach leidenschaftlich gerne Bücher verschlingst, bietet es dir einen Raum, um all deine Gedanken und Eindrücke festzuhalten. Vielleicht gehörst du einem Buchclub an, und dieses Buch wird dein treuer Gefährte.

Wir hoffen, dieses Buchjournal wird für dich eine wertvolle Bereicherung sein.

Dein Stay Inspired Team

Nutze die großartigen Story-Vorlagen, um Rezensionen und Erfahrungen beim Lesen zu teilen. Verlinke Autor*innen und Verlage und lass deine Community wachsen.

About Me

ANZAHL DER VON MIR BISHER GELESENEN BÜCHER

Am liebsten mag ich ...

HÖRBÜCHER ○ BÜCHER ○ EBOOKS ○

Ich ☺

NAME

GEBURTSTAG

PSEUDONYME

SOCIAL MEDIA BLOG

Leseliebe

BEVORZUGTE GENRES

MEINE LIEBLINGSAUTOR*INNEN

MEINE ABSOLUTEN LIEBLINGSBÜCHER

MEIN LIEBLINGSBUCH ALS KIND

Am liebsten lese ich ...

- NACHTS
- MORGENS
- IMMER UND ÜBERALL
- MITTAGS
- AM ABEND
- ...
- ...
- ...

BÜCHER KAUFE ICH AM LIEBSTEN BEI ...

- ...
- ...

Der schönste Ort zum Lesen für mich ist ...

...

Wenn ich ein Buch schreiben würde, wäre es über ...

...

Ich lese so gerne, weil ...

...

? EIN GUTES BUCH BRAUCHT FÜR MICH ...

ICH WÄHLE BÜCHER VOR ALLEM WEGEN ...

Die 10 Bücher, die meiner Meinung nach jeder gelesen haben sollte ...

MEIN LIEBLINGSBUCHCOVER IST

...

1 ...
2 ...
3 ...
4 ...
5 ...
6 ...
7 ...
8 ...
9 ...
10 ...

Meine Bücher

🔔 Nutze die Buchnummerierung nach deinem eigenen Ermessen, beginne entweder mit der Nummer 1 der festgehaltenen Bücher im Journal oder entsprechend deiner individuellen Gesamtnummer.

♡ TITEL 👤 AUTOR*IN	★ BEWERTUNG	🔔 BUCH NR.:	SEITE
	☆☆☆☆☆	🔔	46 - 47
	☆☆☆☆☆	🔔	48 - 49
	☆☆☆☆☆	🔔	50 - 51
	☆☆☆☆☆	🔔	52 - 53
	☆☆☆☆☆	🔔	54 - 55
	☆☆☆☆☆	🔔	56 - 57
	☆☆☆☆☆	🔔	58 - 59
	☆☆☆☆☆	🔔	60 - 61
	☆☆☆☆☆	🔔	62 - 63
	☆☆☆☆☆	🔔	64 - 65
	☆☆☆☆☆	🔔	66 - 67
	☆☆☆☆☆	🔔	68 - 69
	☆☆☆☆☆	🔔	70 - 71
	☆☆☆☆☆	🔔	72 - 73
	☆☆☆☆☆	🔔	74 - 75
	☆☆☆☆☆	🔔	76 - 77
	☆☆☆☆☆	🔔	78 - 79
	☆☆☆☆☆	🔔	80 - 81
	☆☆☆☆☆	🔔	82 - 83
	☆☆☆☆☆	🔔	84 - 85
	☆☆☆☆☆	🔔	86 - 87
	☆☆☆☆☆	🔔	88 - 89
	☆☆☆☆☆	🔔	90 - 91
	☆☆☆☆☆	🔔	92 - 93
	☆☆☆☆☆	🔔	94 - 95

TITEL AUTOR*IN	BEWERTUNG	BUCH NR.:	SEITE
	☆☆☆☆☆		96 - 97
	☆☆☆☆☆		98 - 99
	☆☆☆☆☆		100 - 101
	☆☆☆☆☆		102 - 103
	☆☆☆☆☆		104 - 105
	☆☆☆☆☆		106 - 107
	☆☆☆☆☆		108 - 109
	☆☆☆☆☆		110 - 111
	☆☆☆☆☆		112 - 113
	☆☆☆☆☆		114 - 115
	☆☆☆☆☆		116 - 117
	☆☆☆☆☆		118 - 119
	☆☆☆☆☆		120 - 121
	☆☆☆☆☆		122 - 123
	☆☆☆☆☆		124 - 125
	☆☆☆☆☆		126 - 127
	☆☆☆☆☆		128 - 129
	☆☆☆☆☆		130 - 131
	☆☆☆☆☆		132 - 133
	☆☆☆☆☆		134 - 135
	☆☆☆☆☆		136 - 137
	☆☆☆☆☆		138 - 139
	☆☆☆☆☆		140 - 141
	☆☆☆☆☆		142 - 143
	☆☆☆☆☆		144 - 145

Meine Bücher

TITEL AUTOR*IN	BEWERTUNG	BUCH NR.:	SEITE
	☆☆☆☆☆		146 - 147
	☆☆☆☆☆		148 - 149
	☆☆☆☆☆		150 - 151
	☆☆☆☆☆		152 - 153
	☆☆☆☆☆		154 - 155
	☆☆☆☆☆		156 - 157
	☆☆☆☆☆		158 - 159
	☆☆☆☆☆		160 - 161
	☆☆☆☆☆		162 - 163
	☆☆☆☆☆		164 - 165
	☆☆☆☆☆		166 - 167
	☆☆☆☆☆		168 - 169
	☆☆☆☆☆		170 - 171
	☆☆☆☆☆		172 - 173
	☆☆☆☆☆		174 - 175
	☆☆☆☆☆		176 - 177
	☆☆☆☆☆		178 - 179
	☆☆☆☆☆		180 - 181
	☆☆☆☆☆		182 - 183
	☆☆☆☆☆		184 - 185
	☆☆☆☆☆		186 - 187
	☆☆☆☆☆		188 - 189
	☆☆☆☆☆		190 - 191
	☆☆☆☆☆		192 - 193
	☆☆☆☆☆		194 - 195

TITEL AUTOR*IN	BEWERTUNG	BUCH NR.:	SEITE
	☆☆☆☆☆		196 - 197
	☆☆☆☆☆		198 - 199
	☆☆☆☆☆		200 - 201
	☆☆☆☆☆		202 - 203
	☆☆☆☆☆		204 - 205
	☆☆☆☆☆		206 - 207
	☆☆☆☆☆		208 - 209
	☆☆☆☆☆		210 - 211
	☆☆☆☆☆		212 - 213
	☆☆☆☆☆		214 - 215
	☆☆☆☆☆		216 - 217
	☆☆☆☆☆		218 - 219
	☆☆☆☆☆		220 - 221
	☆☆☆☆☆		222 - 223
	☆☆☆☆☆		224 - 225
	☆☆☆☆☆		226 - 227
	☆☆☆☆☆		228 - 229
	☆☆☆☆☆		230 - 231
	☆☆☆☆☆		232 - 233
	☆☆☆☆☆		234 - 235
	☆☆☆☆☆		236 - 237
	☆☆☆☆☆		238 - 239
	☆☆☆☆☆		240 - 241
	☆☆☆☆☆		242 - 243
	☆☆☆☆☆		244 - 245

Persönliche Leselisten

WUNSCHLISTE · UNGELESENE BÜCHER · ABGEBROCHENE BÜCHER

Persönliche Leselisten

WUNSCHLISTE UNGELESENE BÜCHER ✖ ABGEBROCHENE BÜCHER

Meine Top 10

Deine Top 10. Auf den nächsten Seiten kannst du die Top 10 Bücher aus 100 Büchern in deinem Journal auswählen. Gib ihnen hier einen Ehrenplatz.

Platz 01 geht an ...

BUCHTITEL

AUTOR*IN

BUCHGENRE

JOURNAL SEITE

GRUND

Platz 02 geht an ...

BUCHTITEL

AUTOR*IN

BUCHGENRE

JOURNAL SEITE

GRUND

Platz 03 geht an ...

BUCHTITEL

AUTOR*IN

BUCHGENRE

JOURNAL SEITE

GRUND

Platz 04 geht an ...

BUCHTITEL

AUTOR*IN

BUCHGENRE

JOURNAL SEITE

GRUND

Platz 05 geht an ...

BUCHTITEL

AUTOR*IN

BUCHGENRE

JOURNAL SEITE

GRUND

Platz 06 geht an ...

BUCHTITEL

AUTOR*IN

BUCHGENRE

JOURNAL SEITE

GRUND

Platz 07 geht an ...

BUCHTITEL

AUTOR*IN

BUCHGENRE

JOURNAL SEITE

GRUND

Meine Top 10

Platz 08 geht an …

BUCHTITEL

AUTOR*IN

BUCHGENRE

JOURNAL SEITE

GRUND

Platz 09 geht an …

BUCHTITEL

AUTOR*IN

BUCHGENRE

JOURNAL SEITE

GRUND

Platz 10 geht an …

BUCHTITEL

AUTOR*IN

BUCHGENRE

JOURNAL SEITE

GRUND

Ich stelle fest, dass es letztlich nichts Schöneres gibt als zu lesen.

JANE AUSTEN

Meine Leseziele

Hier kannst du monatliche Leseziele für dich festlegen.

LESEMONAT LESEJAHR

ZIELE SETZEN	ANZAHL	GESCHAFFT	JA	NEIN
BÜCHER			◯	◯
SEITEN			◯	◯

MEINE PERSÖNLICHEN ZIELE

- ★ ◯ ◯
- ★ ◯ ◯

LESEMONAT LESEJAHR

ZIELE SETZEN	ANZAHL	GESCHAFFT	JA	NEIN
BÜCHER			◯	◯
SEITEN			◯	◯

MEINE PERSÖNLICHEN ZIELE

- ★ ◯ ◯
- ★ ◯ ◯

LESEMONAT LESEJAHR

ZIELE SETZEN	ANZAHL	GESCHAFFT	JA	NEIN
BÜCHER			◯	◯
SEITEN			◯	◯

MEINE PERSÖNLICHEN ZIELE

- ★ ◯ ◯
- ★ ◯ ◯

LESEMONAT LESEJAHR

ZIELE SETZEN	ANZAHL	GESCHAFFT	JA	NEIN
BÜCHER			◯	◯
SEITEN			◯	◯

MEINE PERSÖNLICHEN ZIELE

- ★ ◯ ◯
- ★ ◯ ◯

LESEMONAT LESEJAHR

ZIELE SETZEN	ANZAHL	GESCHAFFT	JA	NEIN
BÜCHER			◯	◯
SEITEN			◯	◯

MEINE PERSÖNLICHEN ZIELE

- ★ ◯ ◯
- ★ ◯ ◯

LESEMONAT LESEJAHR

ZIELE SETZEN	ANZAHL	GESCHAFFT	JA	NEIN
BÜCHER			◯	◯
SEITEN			◯	◯

MEINE PERSÖNLICHEN ZIELE

- ★ ◯ ◯
- ★ ◯ ◯

LESEMONAT LESEJAHR

ZIELE SETZEN	ANZAHL	GESCHAFFT	JA	NEIN
BÜCHER			○	○
SEITEN			○	○

MEINE PERSÖNLICHEN ZIELE

★ ○ ○

★ ○ ○

LESEMONAT LESEJAHR

ZIELE SETZEN	ANZAHL	GESCHAFFT	JA	NEIN
BÜCHER			○	○
SEITEN			○	○

MEINE PERSÖNLICHEN ZIELE

★ ○ ○

★ ○ ○

LESEMONAT LESEJAHR

ZIELE SETZEN	ANZAHL	GESCHAFFT	JA	NEIN
BÜCHER			○	○
SEITEN			○	○

MEINE PERSÖNLICHEN ZIELE

★ ○ ○

★ ○ ○

LESEMONAT LESEJAHR

ZIELE SETZEN	ANZAHL	GESCHAFFT	JA	NEIN
BÜCHER			○	○
SEITEN			○	○

MEINE PERSÖNLICHEN ZIELE

★ ○ ○

★ ○ ○

LESEMONAT LESEJAHR

ZIELE SETZEN	ANZAHL	GESCHAFFT	JA	NEIN
BÜCHER			○	○
SEITEN			○	○

MEINE PERSÖNLICHEN ZIELE

★ ○ ○

★ ○ ○

LESEMONAT LESEJAHR

ZIELE SETZEN	ANZAHL	GESCHAFFT	JA	NEIN
BÜCHER			○	○
SEITEN			○	○

MEINE PERSÖNLICHEN ZIELE

★ ○ ○

★ ○ ○

Mein Lesemonat
ORGANISATION

Der Kalender deckt immer 31 Tage ab, egal welcher Monat oder Wochentag ist, wenn du mit dem 01. beginnst. So siehst du den ganzen Monat und kannst auch Tage aus dem Vormonat oder dem nächsten Monat eintragen. Verwende die Zeile für das Datum und die vorgegebenen Wochentage oben, um die Übersicht zu behalten. Viel Spaß beim Planen!

Monat

- ○ Januar
- ○ Februar
- ○ März
- ○ April
- ○ Mai
- ○ Juni
- ○ Juli
- ○ August
- ○ September
- ○ Oktober
- ○ November
- ○ Dezember

Lesetracker

- ○ ....
- ○ ....
- ○ ....
- ○ ....
- ○ ....
- ○ ....
- ○ ....
- ○ ....

Montag	Dienstag	Mittwoch	Donnerstag
....	....	....	....
....	....	....	....
....	....	....	....
....	....	....	....
....	....	....	....
....	....	....	....

Lesetracker

Hier kannst du monatlich verfolgen, welche Bücher du gelesen hast, ob du deine monatlichen Leseziele erreicht hast oder nicht, und natürlich auch alles andere, was du gerne dokumentieren möchtest. Auf der linken Seite findest du die dazugehörige Legende. Nutze verschiedene Farben, um die verschiedenen Projekte monatlich zu dokumentieren.

Freitag	Samstag	Sonntag
....	....	....
....	....	....
....	....	....
....	....	....
....	....	....
....	....	....

Lesetracker

Tag
1
2
3
4
5
6
7
8
9
10
11
12
13
14
15
16
17
18
19
20
21
22
23
24
25
26
27
28
29
30
31

Mein Lesemonat
ORGANISATION

Monat

- ○ Januar
- ○ Februar
- ○ März
- ○ April
- ○ Mai
- ○ Juni
- ○ Juli
- ○ August
- ○ September
- ○ Oktober
- ○ November
- ○ Dezember

Lesetracker

- ○ ....
- ○ ....
- ○ ....
- ○ ....
- ○ ....
- ○ ....
- ○ ....
- ○ ....

Montag	Dienstag	Mittwoch	Donnerstag
....	....	....	....
....	....	....	....
....	....	....	....
....	....	....	....
....	....	....	....
....	....	....	....

Lesetracker

Freitag	Samstag	Sonntag
....	....	....
....	....	....
....	....	....
....	....	....
....	....	....
....	....	....

Lesetracker

1
2
3
4
5
6
7
8
9
10
11
12
13
14
15
16
17
18
19
20
21
22
23
24
25
26
27
28
29
30
31

Mein Lesemonat
ORGANISATION

Monat

- ○ Januar
- ○ Februar
- ○ März
- ○ April
- ○ Mai
- ○ Juni
- ○ Juli
- ○ August
- ○ September
- ○ Oktober
- ○ November
- ○ Dezember

Lesetracker

- ○ ....
- ○ ....
- ○ ....
- ○ ....
- ○ ....
- ○ ....
- ○ ....
- ○ ....

Montag	Dienstag	Mittwoch	Donnerstag
....	....	....	....
....	....	....	....
....	....	....	....
....	....	....	....
....	....	....	....
....	....	....	....

Lesetracker

Freitag	Samstag	Sonntag
....	....	....
....	....	....
....	....	....
....	....	....
....	....	....
....	....	....

Lesetracker

1
2
3
4
5
6
7
8
9
10
11
12
13
14
15
16
17
18
19
20
21
22
23
24
25
26
27
28
29
30
31

Mein Lesemonat
ORGANISATION

Monat

- ○ Januar
- ○ Februar
- ○ März
- ○ April
- ○ Mai
- ○ Juni
- ○ Juli
- ○ August
- ○ September
- ○ Oktober
- ○ November
- ○ Dezember

Lesetracker

- ○ ....
- ○ ....
- ○ ....
- ○ ....
- ○ ....
- ○ ....
- ○ ....
- ○ ....

Montag	*Dienstag*	*Mittwoch*	*Donnerstag*
....	....	....	....
....	....	....	....
....	....	....	....
....	....	....	....
....	....	....	....
....	....	....	....

Lesetracker

Freitag	Samstag	Sonntag
....	....	....
....	....	....
....	....	....
....	....	....
....	....	....
....	....	....

Lesetracker

1								
2								
3								
4								
5								
6								
7								
8								
9								
10								
11								
12								
13								
14								
15								
16								
17								
18								
19								
20								
21								
22								
23								
24								
25								
26								
27								
28								
29								
30								
31								

Mein Lesemonat
ORGANISATION

Monat

- ○ Januar
- ○ Februar
- ○ März
- ○ April
- ○ Mai
- ○ Juni
- ○ Juli
- ○ August
- ○ September
- ○ Oktober
- ○ November
- ○ Dezember

Lesetracker

- ○ ....
- ○ ....
- ○ ....
- ○ ....
- ○ ....
- ○ ....
- ○ ....
- ○ ....

Montag	Dienstag	Mittwoch	Donnerstag
....	....	....	....
....	....	....	....
....	....	....	....
....	....	....	....
....	....	....	....
....	....	....	....

Lesetracker

Freitag	Samstag	Sonntag
....	....	....
....	....	....
....	....	....
....	....	....
....	....	....
....	....	....

Lesetracker

1								
2								
3								
4								
5								
6								
7								
8								
9								
10								
11								
12								
13								
14								
15								
16								
17								
18								
19								
20								
21								
22								
23								
24								
25								
26								
27								
28								
29								
30								
31								

Mein Lesemonat
ORGANISATION

Monat

- ○ Januar
- ○ Februar
- ○ März
- ○ April
- ○ Mai
- ○ Juni
- ○ Juli
- ○ August
- ○ September
- ○ Oktober
- ○ November
- ○ Dezember

Lesetracker

○ ....

○ ....

○ ....

○ ....

○ ....

○ ....

○ ....

○ ....

Montag	Dienstag	Mittwoch	Donnerstag
....	....	....	....
....	....	....	....
....	....	....	....
....	....	....	....
....	....	....	....
....	....	....	....

Lesetracker

Freitag	Samstag	Sonntag
....	....	....
....	....	....
....	....	....
....	....	....
....	....	....
....	....	....

Lesetracker

1								
2								
3								
4								
5								
6								
7								
8								
9								
10								
11								
12								
13								
14								
15								
16								
17								
18								
19								
20								
21								
22								
23								
24								
25								
26								
27								
28								
29								
30								
31								

Mein Lesemonat
ORGANISATION

Monat

- ○ Januar
- ○ Februar
- ○ März
- ○ April
- ○ Mai
- ○ Juni
- ○ Juli
- ○ August
- ○ September
- ○ Oktober
- ○ November
- ○ Dezember

Lesetracker

- ○ ....
- ○ ....
- ○ ....
- ○ ....
- ○ ....
- ○ ....
- ○ ....
- ○ ....

Montag	Dienstag	Mittwoch	Donnerstag
....	....	....	....
....	....	....	....
....	....	....	....
....	....	....	....
....	....	....	....
....	....	....	....

Lesetracker

Freitag	Samstag	Sonntag
....	....	....
....	....	....
....	....	....
....	....	....
....	....	....
....	....	....

Lesetracker

1								
2								
3								
4								
5								
6								
7								
8								
9								
10								
11								
12								
13								
14								
15								
16								
17								
18								
19								
20								
21								
22								
23								
24								
25								
26								
27								
28								
29								
30								
31								

Mein Lesemonat
ORGANISATION

Monat

- ○ Januar
- ○ Februar
- ○ März
- ○ April
- ○ Mai
- ○ Juni
- ○ Juli
- ○ August
- ○ September
- ○ Oktober
- ○ November
- ○ Dezember

Lesetracker

- ○ ....
- ○ ....
- ○ ....
- ○ ....
- ○ ....
- ○ ....
- ○ ....
- ○ ....

Montag	Dienstag	Mittwoch	Donnerstag
....	....	....	....
....	....	....	....
....	....	....	....
....	....	....	....
....	....	....	....
....	....	....	....

Lesetracker

Freitag	Samstag	Sonntag
....	....	....
....	....	....
....	....	....
....	....	....
....	....	....
....	....	....

Lesetracker
1
2
3
4
5
6
7
8
9
10
11
12
13
14
15
16
17
18
19
20
21
22
23
24
25
26
27
28
29
30
31

Mein Lesemonat

ORGANISATION

Monat

- ○ Januar
- ○ Februar
- ○ März
- ○ April
- ○ Mai
- ○ Juni
- ○ Juli
- ○ August
- ○ September
- ○ Oktober
- ○ November
- ○ Dezember

Lesetracker

- ○ ....
- ○ ....
- ○ ....
- ○ ....
- ○ ....
- ○ ....
- ○ ....
- ○ ....

Montag	Dienstag	Mittwoch	Donnerstag
....	....	....	....
....	....	....	....
....	....	....	....
....	....	....	....
....	....	....	....
....	....	....	....

Lesetracker

Freitag	Samstag	Sonntag
....	....	....
....	....	....
....	....	....
....	....	....
....	....	....
....	....	....

Lesetracker

Tag								
1								
2								
3								
4								
5								
6								
7								
8								
9								
10								
11								
12								
13								
14								
15								
16								
17								
18								
19								
20								
21								
22								
23								
24								
25								
26								
27								
28								
29								
30								
31								

Mein Lesemonat
ORGANISATION

Monat

- ○ Januar
- ○ Februar
- ○ März
- ○ April
- ○ Mai
- ○ Juni
- ○ Juli
- ○ August
- ○ September
- ○ Oktober
- ○ November
- ○ Dezember

Lesetracker

- ○ ....
- ○ ....
- ○ ....
- ○ ....
- ○ ....
- ○ ....
- ○ ....
- ○ ....

Montag	Dienstag	Mittwoch	Donnerstag
....	....	....	....
....	....	....	....
....	....	....	....
....	....	....	....
....	....	....	....
....	....	....	....

Lesetracker

Freitag	Samstag	Sonntag
....	....	....
....	....	....
....	....	....
....	....	....
....	....	....
....	....	....

Lesetracker

1
2
3
4
5
6
7
8
9
10
11
12
13
14
15
16
17
18
19
20
21
22
23
24
25
26
27
28
29
30
31

Mein Lesemonat
ORGANISATION

Monat

- ○ Januar
- ○ Februar
- ○ März
- ○ April
- ○ Mai
- ○ Juni
- ○ Juli
- ○ August
- ○ September
- ○ Oktober
- ○ November
- ○ Dezember

Lesetracker

- ○ ....
- ○ ....
- ○ ....
- ○ ....
- ○ ....
- ○ ....
- ○ ....
- ○ ....

Montag	Dienstag	Mittwoch	Donnerstag
....	....	....	....
....	....	....	....
....	....	....	....
....	....	....	....
....	....	....	....
....	....	....	....

Lesetracker

Freitag	Samstag	Sonntag
....	....	....
....	....	....
....	....	....
....	....	....
....	....	....
....	....	....

Lesetracker

1								
2								
3								
4								
5								
6								
7								
8								
9								
10								
11								
12								
13								
14								
15								
16								
17								
18								
19								
20								
21								
22								
23								
24								
25								
26								
27								
28								
29								
30								
31								

Mein Lesemonat
ORGANISATION

Monat

- ○ Januar
- ○ Februar
- ○ März
- ○ April
- ○ Mai
- ○ Juni
- ○ Juli
- ○ August
- ○ September
- ○ Oktober
- ○ November
- ○ Dezember

Lesetracker

- ○ ....
- ○ ....
- ○ ....
- ○ ....
- ○ ....
- ○ ....
- ○ ....
- ○ ....

Montag	Dienstag	Mittwoch	Donnerstag
....	....	....	....
....	....	....	....
....	....	....	....
....	....	....	....
....	....	....	....
....	....	....	....

Lesetracker

Freitag	Samstag	Sonntag
....	....	....
....	....	....
....	....	....
....	....	....
....	....	....
....	....	....

Lesetracker

1								
2								
3								
4								
5								
6								
7								
8								
9								
10								
11								
12								
13								
14								
15								
16								
17								
18								
19								
20								
21								
22								
23								
24								
25								
26								
27								
28								
29								
30								
31								

Lesechallenges

Diese Lesechallenges sollen dich dazu anregen, neue Bücher auszuprobieren und beim Lesen Freude zu erleben. Hier geht es darum, Inspiration zu finden und vielleicht neue Ideen zu entwickeln. Wenn du möchtest, blättere einfach weiter und erstelle deine eigenen Leseherausforderungen. Genieße das Lesen, entdecke Neues, lerne und bereichere dich!

Genre-Abenteuer

Lies ein Buch aus einem Genre, das du normalerweise nicht bevorzugst, und schreibe eine kurze Zusammenfassung in einem Eintrag in deinem Journal. Berichte darüber, wie es dir gefallen hat, ob es deine Lesegewohnheiten beeinflusst hat und ob du in Zukunft vielleicht mehr Bücher dieses Genres lesen möchtest.

JOURNAL SEITE

GESCHAFFT
JA NEIN

Zeitreisen

Wähle ein Buch, das in einer anderen Zeit oder Epoche spielt, als du normalerweise liest und analysiere, wie gut der/die Autor*in die Atmosphäre eingefangen hat. Notiere deine Gedanken in einem Journal-Eintrag. Hast du vor, in Zukunft mehr Bücher in diesem Genre zu lesen?

JOURNAL SEITE

GESCHAFFT
JA NEIN

Weltreise

Begib dich auf eine literarische Reise, indem du ein Buch auswählst, das in einem Land oder einer Kultur spielt, die dir bisher unbekannt ist. Lass dich von den Seiten des Buches in diese fremde Welt entführen und halte dann in einem Journal-Eintrag deine Gedanken, Eindrücke und Erlebnisse fest, die du gesammelt hast.

JOURNAL SEITE

GESCHAFFT
JA NEIN

Lese-Marathon

Wähle eine Buchreihe mit mindestens drei Bänden und lese sie hintereinander. Bewerte, ob die Geschichte durch die fortlaufende Erzählung an Tiefe und Komplexität gewinnt, und halte deine Eindrücke in separaten Journal-Einträgen fest.

JOURNAL SEITEN

GESCHAFFT
JA NEIN

Buch & Film

Lies ein Buch, das später verfilmt wurde und analysiere, welche Aspekte im Buch im Vergleich zum Film besser oder schlechter umgesetzt wurden. Entsprachen die Darsteller des Films denen in deiner Vorstellung? Hat die Verfilmung deinen Erwartungen entsprochen? Notiere dies im Journal-Eintrag.

JOURNAL SEITE

GESCHAFFT
JA NEIN

Lesen & Lernen

Wähle ein Buch zu einem bestimmten Thema, das dich interessiert, über das du jedoch noch nicht viel weißt. Notiere in einem Journal-Eintrag, wie das Buch deine Kenntnisse und Perspektiven zu diesem Thema erweitert hat, und teile deinen größten AHA-Moment.

JOURNAL SEITE

GESCHAFFT
JA NEIN

Biografie

Greife zu einer Biografie einer berühmten Persönlichkeit, die du normalerweise nicht lesen würdest. Reflektiere über deine Gedanken und Meinungen bezüglich dieser Person nach dem Lesen und halte deine Erkenntnisse im Journal-Eintrag fest.

JOURNAL SEITE

GESCHAFFT
JA NEIN

Kinderbuch

Finde ein Buch aus deiner Kindheit, das du geliebt hast, und erlebe es erneut als Erwachsener. Beschreibe die neuen Interpretationen und Einsichten, die du in der Geschichte entdeckst, und halte diese in deinem Journal fest.

JOURNAL SEITE

GESCHAFFT
JA NEIN

Nachhaltigkeit

Wähle ein Buch aus, dass das Thema Nachhaltigkeit behandelt. Reflektiere darüber, wie das Lesen dieses Buches dein Bewusstsein für Umweltfragen beeinflusst hat, und halte deine Gedanken und Empfindungen in einem Journal-Eintrag fest.

JOURNAL SEITE

GESCHAFFT
JA NEIN

Vor Ort

Suche nach einem Buch, das in deiner Stadt, deinem Ort oder in der Nähe deiner Heimat spielt. Besuche einen der Orte aus dem Buch und notiere deine Erlebnisse und Eindrücke in deinem Journal-Eintrag.

JOURNAL SEITE

GESCHAFFT
JA NEIN

Um die Lesechallenges spannender zu gestalten, hol Freunde mit ins Boot, teile die Challenges und Erfahrungen in sozialen Medien und koordiniere die Buchauswahl mit ihnen - so wird Lesen zu einem tollen Abenteuer.

Lesechallenges

Möchtest du deine eigenen Herausforderungen angehen? Hier findest du Platz für deine persönlichen Challenges. Lass deiner Kreativität freien Lauf und nutze sie zur Motivation und Inspiration. Vielleicht sogar gemeinsam mit deinem Buchclub oder deiner Community.

JOURNAL SEITE

GESCHAFFT
JA NEIN

JOURNAL SEITE

GESCHAFFT
JA NEIN

JOURNAL SEITE

GESCHAFFT
JA NEIN

JOURNAL SEITE

GESCHAFFT
JA NEIN

JOURNAL SEITE

GESCHAFFT
JA NEIN

JOURNAL SEITE

GESCHAFFT

JA NEIN

JOURNAL SEITE

GESCHAFFT

JA NEIN

JOURNAL SEITE

GESCHAFFT

JA NEIN

JOURNAL SEITE

GESCHAFFT

JA NEIN

JOURNAL SEITE

GESCHAFFT

JA NEIN

Nutze die großartigen Story-Vorlagen, um Rezensionen und Erfahrungen beim Lesen zu teilen. Verlinke Autor*innen und Verlage und lass deine Community wachsen.

Buch Nr.:

MEINER GELESENEN BÜCHER

LESEBEGINN

LESEENDE

ENTDECKT DURCH

Buchcover

Buchtitel

Autor*in

Das Buch

BUCHGENRE

VERÖFFENTLICHT AM

SEITENZAHL

INFO

SPRACHE, VERLAG

Bewertung

☆ ☆ ☆ ☆ ☆

MEINUNG ZUM COVER

Emotionen beim Lesen

1.

2.

3.

Lieblingsstelle im Buch

AUF SEITE:

Notizen zum Buch

KURZE ZUSAMMENFASSUNG CHARAKTERE GEDANKEN & EINDRÜCKE

REZENSIERT O JA O NEIN

REZENSIERT BEI ...

O O

O O

SOCIAL MEDIA BLOG PLANUNG

Dieses Buch ist ...

- O EINE HERZENSEMPFEHLUNG
- O NICHT MEIN DING
- O INSPIRIEREND
- O MEIN ABSOLUTES LESEHIGHLIGHT
- O HOCHSPANNEND
- O EIN TOLLES GESCHENK
- O SINNLICH
- O AUTHENTISCH UND EHRLICH
- O UNTER MEINEN TOP 10 BÜCHERN
- O EIN LITERARISCHES MEISTERWERK
- O TIEF BERÜHREND
- O RÄTSELHAFT UND FESSELND
- O EINE ECHTE ACHTERBAHNFAHRT
- O EINE SPRACHLICHE MEISTERLEISTUNG
- O HUMORVOLL UND UNTERHALTSAM
- O EIN ZEITLOSES MEISTERWERK
- O
- O
- O
- O

Buch Nr.:

MEINER GELESENEN BÜCHER

LESEBEGINN

LESEENDE

ENTDECKT DURCH

Buchcover

Buchtitel

Autor*in

Das Buch

BUCHGENRE

VERÖFFENTLICHT AM

SEITENZAHL

INFO

SPRACHE, VERLAG

Bewertung

☆ ☆ ☆ ☆ ☆

MEINUNG ZUM COVER

Emotionen beim Lesen

1.

2.

3.

Lieblingsstelle im Buch

AUF SEITE:

Notizen zum Buch

KURZE ZUSAMMENFASSUNG CHARAKTERE GEDANKEN & EINDRÜCKE

REZENSIERT O JA O NEIN

REZENSIERT BEI ...

O

O

O

O

SOCIAL MEDIA BLOG PLANUNG

Dieses Buch ist ...

- O EINE HERZENSEMPFEHLUNG
- O NICHT MEIN DING
- O INSPIRIEREND
- O MEIN ABSOLUTES LESEHIGHLIGHT
- O HOCHSPANNEND
- O EIN TOLLES GESCHENK
- O SINNLICH
- O AUTHENTISCH UND EHRLICH
- O UNTER MEINEN TOP 10 BÜCHERN
- O EIN LITERARISCHES MEISTERWERK
- O TIEF BERÜHREND
- O RÄTSELHAFT UND FESSELND
- O EINE ECHTE ACHTERBAHNFAHRT
- O EINE SPRACHLICHE MEISTERLEISTUNG
- O HUMORVOLL UND UNTERHALTSAM
- O EIN ZEITLOSES MEISTERWERK
- O
- O
- O
- O

Buch Nr.:

MEINER GELESENEN BÜCHER

LESEBEGINN

LESEENDE

ENTDECKT DURCH

Buchcover

Buchtitel

Autor*in

Das Buch

BUCHGENRE

VERÖFFENTLICHT AM

SEITENZAHL

INFO

SPRACHE, VERLAG

Bewertung

☆ ☆ ☆ ☆ ☆

MEINUNG ZUM COVER

Emotionen beim Lesen

1.

2.

3.

Lieblingsstelle im Buch

AUF SEITE:

Notizen zum Buch

KURZE ZUSAMMENFASSUNG · CHARAKTERE · GEDANKEN & EINDRÜCKE

REZENSIERT O JA O NEIN

REZENSIERT BEI …

O

O

O

O

SOCIAL MEDIA · BLOG · PLANUNG

Dieses Buch ist …

- O EINE HERZENSEMPFEHLUNG
- O NICHT MEIN DING
- O INSPIRIEREND
- O MEIN ABSOLUTES LESEHIGHLIGHT
- O HOCHSPANNEND
- O EIN TOLLES GESCHENK
- O SINNLICH
- O AUTHENTISCH UND EHRLICH
- O UNTER MEINEN TOP 10 BÜCHERN
- O EIN LITERARISCHES MEISTERWERK
- O TIEF BERÜHREND
- O RÄTSELHAFT UND FESSELND
- O EINE ECHTE ACHTERBAHNFAHRT
- O EINE SPRACHLICHE MEISTERLEISTUNG
- O HUMORVOLL UND UNTERHALTSAM
- O EIN ZEITLOSES MEISTERWERK
- O
- O
- O
- O

Buch Nr.:

MEINER GELESENEN BÜCHER

▶ LESEBEGINN

LESEENDE

ENTDECKT DURCH

Buchcover

Buchtitel

Autor*in

Das Buch

BUCHGENRE

VERÖFFENTLICHT AM

SEITENZAHL

INFO

SPRACHE, VERLAG

Bewertung

☆ ☆ ☆ ☆ ☆

★ MEINUNG ZUM COVER

Emotionen beim Lesen

1.

2.

3.

Lieblingsstelle im Buch

AUF SEITE:

Notizen zum Buch

KURZE ZUSAMMENFASSUNG · CHARAKTERE · GEDANKEN & EINDRÜCKE

REZENSIERT O JA O NEIN

REZENSIERT BEI …

O
O
O
O

SOCIAL MEDIA · BLOG · PLANUNG

Dieses Buch ist …

- O EINE HERZENSEMPFEHLUNG
- O NICHT MEIN DING
- O INSPIRIEREND
- O MEIN ABSOLUTES LESEHIGHLIGHT
- O HOCHSPANNEND
- O EIN TOLLES GESCHENK
- O SINNLICH
- O AUTHENTISCH UND EHRLICH
- O UNTER MEINEN TOP 10 BÜCHERN
- O EIN LITERARISCHES MEISTERWERK
- O TIEF BERÜHREND
- O RÄTSELHAFT UND FESSELND
- O EINE ECHTE ACHTERBAHNFAHRT
- O EINE SPRACHLICHE MEISTERLEISTUNG
- O HUMORVOLL UND UNTERHALTSAM
- O EIN ZEITLOSES MEISTERWERK
- O
- O
- O
- O

Buch Nr.:

MEINER GELESENEN BÜCHER

LESEBEGINN

LESEENDE

ENTDECKT DURCH

Buchcover

Buchtitel

Autor*in

Das Buch

BUCHGENRE

VERÖFFENTLICHT AM

SEITENZAHL

INFO

SPRACHE, VERLAG

Bewertung

☆ ☆ ☆ ☆ ☆

MEINUNG ZUM COVER

Emotionen beim Lesen

1.

2.

3.

Lieblingsstelle im Buch

AUF SEITE:

Notizen zum Buch

KURZE ZUSAMMENFASSUNG CHARAKTERE GEDANKEN & EINDRÜCKE

REZENSIERT O JA O NEIN

REZENSIERT BEI ...

- O
- O
- O
- O

SOCIAL MEDIA BLOG PLANUNG

Dieses Buch ist ...

- O EINE HERZENSEMPFEHLUNG
- O NICHT MEIN DING
- O INSPIRIEREND
- O MEIN ABSOLUTES LESEHIGHLIGHT
- O HOCHSPANNEND
- O EIN TOLLES GESCHENK
- O SINNLICH
- O AUTHENTISCH UND EHRLICH
- O UNTER MEINEN TOP 10 BÜCHERN
- O EIN LITERARISCHES MEISTERWERK
- O TIEF BERÜHREND
- O RÄTSELHAFT UND FESSELND
- O EINE ECHTE ACHTERBAHNFAHRT
- O EINE SPRACHLICHE MEISTERLEISTUNG
- O HUMORVOLL UND UNTERHALTSAM
- O EIN ZEITLOSES MEISTERWERK
- O
- O
- O
- O

Buch Nr.:

MEINER GELESENEN BÜCHER

LESEBEGINN

LESEENDE

ENTDECKT DURCH

Buchcover

Buchtitel

Autor*in

Das Buch

BUCHGENRE

VERÖFFENTLICHT AM

SEITENZAHL

INFO

SPRACHE, VERLAG

Bewertung

☆ ☆ ☆ ☆ ☆

MEINUNG ZUM COVER

Emotionen beim Lesen

1.

2.

3.

Lieblingsstelle im Buch

AUF SEITE:

Notizen zum Buch

KURZE ZUSAMMENFASSUNG · CHARAKTERE · GEDANKEN & EINDRÜCKE

REZENSIERT O JA O NEIN

REZENSIERT BEI …

- O
- O
- O
- O

SOCIAL MEDIA · BLOG · PLANUNG

Dieses Buch ist …

- O EINE HERZENSEMPFEHLUNG
- O NICHT MEIN DING
- O INSPIRIEREND
- O MEIN ABSOLUTES LESEHIGHLIGHT
- O HOCHSPANNEND
- O EIN TOLLES GESCHENK
- O SINNLICH
- O AUTHENTISCH UND EHRLICH
- O UNTER MEINEN TOP 10 BÜCHERN
- O EIN LITERARISCHES MEISTERWERK
- O TIEF BERÜHREND
- O RÄTSELHAFT UND FESSELND
- O EINE ECHTE ACHTERBAHNFAHRT
- O EINE SPRACHLICHE MEISTERLEISTUNG
- O HUMORVOLL UND UNTERHALTSAM
- O EIN ZEITLOSES MEISTERWERK
- O
- O
- O
- O

Buch Nr.:

MEINER GELESENEN BÜCHER

LESEBEGINN

LESEENDE

ENTDECKT DURCH

Buchcover

Buchtitel

Autor*in

Das Buch

BUCHGENRE

VERÖFFENTLICHT AM

SEITENZAHL

INFO

SPRACHE, VERLAG

Bewertung

MEINUNG ZUM COVER

Emotionen beim Lesen

1.

2.

3.

Lieblingsstelle im Buch

AUF SEITE:

Notizen zum Buch

KURZE ZUSAMMENFASSUNG · CHARAKTERE · GEDANKEN & EINDRÜCKE

REZENSIERT O JA O NEIN

REZENSIERT BEI ...

O

O

O

O

SOCIAL MEDIA · BLOG · PLANUNG

Dieses Buch ist ...

- O EINE HERZENSEMPFEHLUNG
- O NICHT MEIN DING
- O INSPIRIEREND
- O MEIN ABSOLUTES LESEHIGHLIGHT
- O HOCHSPANNEND
- O EIN TOLLES GESCHENK
- O SINNLICH
- O AUTHENTISCH UND EHRLICH
- O UNTER MEINEN TOP 10 BÜCHERN
- O EIN LITERARISCHES MEISTERWERK
- O TIEF BERÜHREND
- O RÄTSELHAFT UND FESSELND
- O EINE ECHTE ACHTERBAHNFAHRT
- O EINE SPRACHLICHE MEISTERLEISTUNG
- O HUMORVOLL UND UNTERHALTSAM
- O EIN ZEITLOSES MEISTERWERK
- O
- O
- O
- O

Buch Nr.:

MEINER GELESENEN BÜCHER

LESEBEGINN

LESEENDE

ENTDECKT DURCH

Buchcover

Buchtitel

Autor*in

Das Buch

BUCHGENRE

VERÖFFENTLICHT AM

SEITENZAHL

INFO

SPRACHE, VERLAG

Bewertung

☆ ☆ ☆ ☆ ☆

MEINUNG ZUM COVER

Emotionen beim Lesen

1.

2.

3.

Lieblingsstelle im Buch

AUF SEITE:

Notizen zum Buch

KURZE ZUSAMMENFASSUNG · CHARAKTERE · GEDANKEN & EINDRÜCKE

REZENSIERT ○ JA ○ NEIN

REZENSIERT BEI ...

○ ○

○ ○

SOCIAL MEDIA · BLOG · PLANUNG

Dieses Buch ist ...

- ○ EINE HERZENSEMPFEHLUNG
- ○ NICHT MEIN DING
- ○ INSPIRIEREND
- ○ MEIN ABSOLUTES LESEHIGHLIGHT
- ○ HOCHSPANNEND
- ○ EIN TOLLES GESCHENK
- ○ SINNLICH
- ○ AUTHENTISCH UND EHRLICH
- ○ UNTER MEINEN TOP 10 BÜCHERN
- ○ EIN LITERARISCHES MEISTERWERK
- ○ TIEF BERÜHREND
- ○ RÄTSELHAFT UND FESSELND
- ○ EINE ECHTE ACHTERBAHNFAHRT
- ○ EINE SPRACHLICHE MEISTERLEISTUNG
- ○ HUMORVOLL UND UNTERHALTSAM
- ○ EIN ZEITLOSES MEISTERWERK
- ○
- ○
- ○
- ○

Buch Nr.:

MEINER GELESENEN BÜCHER

LESEBEGINN

LESEENDE

ENTDECKT DURCH

Buchcover

Buchtitel

Autor*in

Das Buch

BUCHGENRE

VERÖFFENTLICHT AM

SEITENZAHL

INFO

SPRACHE, VERLAG

Bewertung

☆ ☆ ☆ ☆ ☆

MEINUNG ZUM COVER

Emotionen beim Lesen

1.

2.

3.

Lieblingsstelle im Buch

AUF SEITE:

Notizen zum Buch

KURZE ZUSAMMENFASSUNG   CHARAKTERE   GEDANKEN & EINDRÜCKE

REZENSIERT O JA O NEIN

REZENSIERT BEI ...

O .... O ....

O .... O ....

SOCIAL MEDIA   BLOG   PLANUNG

Dieses Buch ist ...

- O EINE HERZENSEMPFEHLUNG
- O NICHT MEIN DING
- O INSPIRIEREND
- O MEIN ABSOLUTES LESEHIGHLIGHT
- O HOCHSPANNEND
- O EIN TOLLES GESCHENK
- O SINNLICH
- O AUTHENTISCH UND EHRLICH
- O UNTER MEINEN TOP 10 BÜCHERN
- O EIN LITERARISCHES MEISTERWERK
- O TIEF BERÜHREND
- O RÄTSELHAFT UND FESSELND
- O EINE ECHTE ACHTERBAHNFAHRT
- O EINE SPRACHLICHE MEISTERLEISTUNG
- O HUMORVOLL UND UNTERHALTSAM
- O EIN ZEITLOSES MEISTERWERK
- O ....
- O ....
- O ....
- O ....

Buch Nr.:

MEINER GELESENEN BÜCHER

LESEBEGINN

LESEENDE

ENTDECKT DURCH

Buchcover

Buchtitel

Autor*in

Das Buch

BUCHGENRE

VERÖFFENTLICHT AM

SEITENZAHL

INFO

SPRACHE, VERLAG

Bewertung

☆ ☆ ☆ ☆ ☆

MEINUNG ZUM COVER

Emotionen beim Lesen

1.

2.

3.

Lieblingsstelle im Buch

AUF SEITE:

Notizen zum Buch

KURZE ZUSAMMENFASSUNG CHARAKTERE GEDANKEN & EINDRÜCKE

REZENSIERT O JA O NEIN

REZENSIERT BEI ...

O

O

O

O

SOCIAL MEDIA BLOG PLANUNG

Dieses Buch ist ...

- O EINE HERZENSEMPFEHLUNG
- O NICHT MEIN DING
- O INSPIRIEREND
- O MEIN ABSOLUTES LESEHIGHLIGHT
- O HOCHSPANNEND
- O EIN TOLLES GESCHENK
- O SINNLICH
- O AUTHENTISCH UND EHRLICH
- O UNTER MEINEN TOP 10 BÜCHERN
- O EIN LITERARISCHES MEISTERWERK
- O TIEF BERÜHREND
- O RÄTSELHAFT UND FESSELND
- O EINE ECHTE ACHTERBAHNFAHRT
- O EINE SPRACHLICHE MEISTERLEISTUNG
- O HUMORVOLL UND UNTERHALTSAM
- O EIN ZEITLOSES MEISTERWERK
- O
- O
- O
- O

Buch Nr.:

MEINER GELESENEN BÜCHER

LESEBEGINN

LESEENDE

ENTDECKT DURCH

Buchcover

Buchtitel

Autor*in

Das Buch

BUCHGENRE

VERÖFFENTLICHT AM

SEITENZAHL

INFO

SPRACHE, VERLAG

Bewertung

MEINUNG ZUM COVER

Emotionen beim Lesen

1.

2.

3.

Lieblingsstelle im Buch

AUF SEITE:

Notizen zum Buch

KURZE ZUSAMMENFASSUNG CHARAKTERE GEDANKEN & EINDRÜCKE

REZENSIERT O JA O NEIN

REZENSIERT BEI ...

O O

O O

SOCIAL MEDIA BLOG PLANUNG

Dieses Buch ist ...

- O EINE HERZENSEMPFEHLUNG
- O NICHT MEIN DING
- O INSPIRIEREND
- O MEIN ABSOLUTES LESEHIGHLIGHT
- O HOCHSPANNEND
- O EIN TOLLES GESCHENK
- O SINNLICH
- O AUTHENTISCH UND EHRLICH
- O UNTER MEINEN TOP 10 BÜCHERN
- O EIN LITERARISCHES MEISTERWERK
- O TIEF BERÜHREND
- O RÄTSELHAFT UND FESSELND
- O EINE ECHTE ACHTERBAHNFAHRT
- O EINE SPRACHLICHE MEISTERLEISTUNG
- O HUMORVOLL UND UNTERHALTSAM
- O EIN ZEITLOSES MEISTERWERK
- O
- O
- O
- O

Buch Nr.:

MEINER GELESENEN BÜCHER

LESEBEGINN

LESEENDE

ENTDECKT DURCH

Buchcover

Buchtitel

Autor*in

Das Buch

BUCHGENRE

VERÖFFENTLICHT AM

SEITENZAHL

INFO

SPRACHE, VERLAG

Bewertung

☆ ☆ ☆ ☆ ☆

MEINUNG ZUM COVER

Emotionen beim Lesen

1.

2.

3.

Lieblingsstelle im Buch

AUF SEITE:

Notizen zum Buch

KURZE ZUSAMMENFASSUNG · CHARAKTERE · GEDANKEN & EINDRÜCKE

★ REZENSIERT ○ JA ○ NEIN

REZENSIERT BEI …

○ ○

○ ○

★ SOCIAL MEDIA · BLOG · PLANUNG

Dieses Buch ist …

- ○ EINE HERZENSEMPFEHLUNG
- ○ NICHT MEIN DING
- ○ INSPIRIEREND
- ○ MEIN ABSOLUTES LESEHIGHLIGHT
- ○ HOCHSPANNEND
- ○ EIN TOLLES GESCHENK
- ○ SINNLICH
- ○ AUTHENTISCH UND EHRLICH
- ○ UNTER MEINEN TOP 10 BÜCHERN
- ○ EIN LITERARISCHES MEISTERWERK
- ○ TIEF BERÜHREND
- ○ RÄTSELHAFT UND FESSELND
- ○ EINE ECHTE ACHTERBAHNFAHRT
- ○ EINE SPRACHLICHE MEISTERLEISTUNG
- ○ HUMORVOLL UND UNTERHALTSAM
- ○ EIN ZEITLOSES MEISTERWERK
- ○
- ○
- ○
- ○

Buch Nr.:

MEINER GELESENEN BÜCHER

LESEBEGINN

LESEENDE

ENTDECKT DURCH

Buchcover

Buchtitel

Autor*in

Das Buch

BUCHGENRE

VERÖFFENTLICHT AM

SEITENZAHL

INFO

SPRACHE, VERLAG

Bewertung

☆ ☆ ☆ ☆ ☆

MEINUNG ZUM COVER

Emotionen beim Lesen

1.

2.

3.

Lieblingsstelle im Buch

AUF SEITE:

Notizen zum Buch

KURZE ZUSAMMENFASSUNG · CHARAKTERE · GEDANKEN & EINDRÜCKE

REZENSIERT O JA O NEIN

REZENSIERT BEI ...

O

O

O

O

SOCIAL MEDIA · BLOG · PLANUNG

Dieses Buch ist ...

- O EINE HERZENSEMPFEHLUNG
- O NICHT MEIN DING
- O INSPIRIEREND
- O MEIN ABSOLUTES LESEHIGHLIGHT
- O HOCHSPANNEND
- O EIN TOLLES GESCHENK
- O SINNLICH
- O AUTHENTISCH UND EHRLICH
- O UNTER MEINEN TOP 10 BÜCHERN
- O EIN LITERARISCHES MEISTERWERK
- O TIEF BERÜHREND
- O RÄTSELHAFT UND FESSELND
- O EINE ECHTE ACHTERBAHNFAHRT
- O EINE SPRACHLICHE MEISTERLEISTUNG
- O HUMORVOLL UND UNTERHALTSAM
- O EIN ZEITLOSES MEISTERWERK
- O
- O
- O
- O

Buch Nr.:

MEINER GELESENEN BÜCHER

LESEBEGINN

LESEENDE

ENTDECKT DURCH

Buchcover

Buchtitel

Autor*in

Das Buch

BUCHGENRE

VERÖFFENTLICHT AM

SEITENZAHL

INFO

SPRACHE, VERLAG

Bewertung

☆ ☆ ☆ ☆ ☆

MEINUNG ZUM COVER

Emotionen beim Lesen

1.

2.

3.

Lieblingsstelle im Buch

AUF SEITE:

Notizen zum Buch

KURZE ZUSAMMENFASSUNG CHARAKTERE GEDANKEN & EINDRÜCKE

REZENSIERT O JA O NEIN

REZENSIERT BEI ...

O

O

O

O

SOCIAL MEDIA BLOG PLANUNG

Dieses Buch ist ...

O EINE HERZENSEMPFEHLUNG
O NICHT MEIN DING
O INSPIRIEREND
O MEIN ABSOLUTES LESEHIGHLIGHT
O HOCHSPANNEND
O EIN TOLLES GESCHENK
O SINNLICH
O AUTHENTISCH UND EHRLICH

O UNTER MEINEN TOP 10 BÜCHERN
O EIN LITERARISCHES MEISTERWERK
O TIEF BERÜHREND
O RÄTSELHAFT UND FESSELND
O EINE ECHTE ACHTERBAHNFAHRT
O EINE SPRACHLICHE MEISTERLEISTUNG
O HUMORVOLL UND UNTERHALTSAM
O EIN ZEITLOSES MEISTERWERK

O

O

O

O

Buch Nr.:

MEINER GELESENEN BÜCHER

▶ LESEBEGINN

❚❚ LESEENDE

ENTDECKT DURCH

Buchcover

Buchtitel

Autor*in

Das Buch

BUCHGENRE

VERÖFFENTLICHT AM

SEITENZAHL

INFO

SPRACHE, VERLAG

Bewertung

☆ ☆ ☆ ☆ ☆

★ MEINUNG ZUM COVER

Emotionen beim Lesen

1.

2.

3.

Lieblingsstelle im Buch

AUF SEITE:

Notizen zum Buch

KURZE ZUSAMMENFASSUNG CHARAKTERE GEDANKEN & EINDRÜCKE

REZENSIERT O JA O NEIN

REZENSIERT BEI ...

O

O

O

O

SOCIAL MEDIA BLOG PLANUNG

Dieses Buch ist ...

- O EINE HERZENSEMPFEHLUNG
- O NICHT MEIN DING
- O INSPIRIEREND
- O MEIN ABSOLUTES LESEHIGHLIGHT
- O HOCHSPANNEND
- O EIN TOLLES GESCHENK
- O SINNLICH
- O AUTHENTISCH UND EHRLICH
- O UNTER MEINEN TOP 10 BÜCHERN
- O EIN LITERARISCHES MEISTERWERK
- O TIEF BERÜHREND
- O RÄTSELHAFT UND FESSELND
- O EINE ECHTE ACHTERBAHNFAHRT
- O EINE SPRACHLICHE MEISTERLEISTUNG
- O HUMORVOLL UND UNTERHALTSAM
- O EIN ZEITLOSES MEISTERWERK
- O
- O
- O
- O

Buch Nr.:

MEINER GELESENEN BÜCHER

LESEBEGINN

LESEENDE

ENTDECKT DURCH

Buchcover

Buchtitel

Autor*in

Das Buch

BUCHGENRE

VERÖFFENTLICHT AM

SEITENZAHL

INFO

SPRACHE, VERLAG

Bewertung

☆ ☆ ☆ ☆ ☆

MEINUNG ZUM COVER

Emotionen beim Lesen

1.

2.

3.

Lieblingsstelle im Buch

AUF SEITE:

Notizen zum Buch

KURZE ZUSAMMENFASSUNG CHARAKTERE GEDANKEN & EINDRÜCKE

REZENSIERT O JA O NEIN

REZENSIERT BEI ...

O

O

O

O

SOCIAL MEDIA BLOG PLANUNG

Dieses Buch ist ...

O EINE HERZENSEMPFEHLUNG
O NICHT MEIN DING
O INSPIRIEREND
O MEIN ABSOLUTES LESEHIGHLIGHT
O HOCHSPANNEND
O EIN TOLLES GESCHENK
O SINNLICH
O AUTHENTISCH UND EHRLICH

O UNTER MEINEN TOP 10 BÜCHERN
O EIN LITERARISCHES MEISTERWERK
O TIEF BERÜHREND
O RÄTSELHAFT UND FESSELND
O EINE ECHTE ACHTERBAHNFAHRT
O EINE SPRACHLICHE MEISTERLEISTUNG
O HUMORVOLL UND UNTERHALTSAM
O EIN ZEITLOSES MEISTERWERK

O

O

O

O

Buch Nr.:

MEINER GELESENEN BÜCHER

LESEBEGINN

LESEENDE

ENTDECKT DURCH

Buchcover

Buchtitel

Autor*in

Das Buch

BUCHGENRE

VERÖFFENTLICHT AM

SEITENZAHL

INFO

SPRACHE, VERLAG

Bewertung

☆ ☆ ☆ ☆ ☆

MEINUNG ZUM COVER

Emotionen beim Lesen

1.

2.

3.

Lieblingsstelle im Buch

AUF SEITE:

Notizen zum Buch

KURZE ZUSAMMENFASSUNG CHARAKTERE GEDANKEN & EINDRÜCKE

REZENSIERT O JA O NEIN

REZENSIERT BEI ...

O O

O O

SOCIAL MEDIA BLOG PLANUNG

Dieses Buch ist ...

O EINE HERZENSEMPFEHLUNG
O NICHT MEIN DING
O INSPIRIEREND
O MEIN ABSOLUTES LESEHIGHLIGHT
O HOCHSPANNEND
O EIN TOLLES GESCHENK
O SINNLICH
O AUTHENTISCH UND EHRLICH

O UNTER MEINEN TOP 10 BÜCHERN
O EIN LITERARISCHES MEISTERWERK
O TIEF BERÜHREND
O RÄTSELHAFT UND FESSELND
O EINE ECHTE ACHTERBAHNFAHRT
O EINE SPRACHLICHE MEISTERLEISTUNG
O HUMORVOLL UND UNTERHALTSAM
O EIN ZEITLOSES MEISTERWERK

O

O

O

O

Buch Nr.:

MEINER GELESENEN BÜCHER

LESEBEGINN

LESEENDE

ENTDECKT DURCH

Buchcover

Buchtitel

Autor*in

Das Buch

BUCHGENRE

VERÖFFENTLICHT AM

SEITENZAHL

INFO

SPRACHE, VERLAG

Bewertung

☆ ☆ ☆ ☆ ☆

MEINUNG ZUM COVER

Emotionen beim Lesen

1.

2.

3.

Lieblingsstelle im Buch

AUF SEITE:

Notizen zum Buch

KURZE ZUSAMMENFASSUNG CHARAKTERE GEDANKEN & EINDRÜCKE

REZENSIERT O JA O NEIN

SOCIAL MEDIA BLOG PLANUNG

REZENSIERT BEI ...

O O

O O

Dieses Buch ist ...

- O EINE HERZENSEMPFEHLUNG
- O NICHT MEIN DING
- O INSPIRIEREND
- O MEIN ABSOLUTES LESEHIGHLIGHT
- O HOCHSPANNEND
- O EIN TOLLES GESCHENK
- O SINNLICH
- O AUTHENTISCH UND EHRLICH
- O UNTER MEINEN TOP 10 BÜCHERN
- O EIN LITERARISCHES MEISTERWERK
- O TIEF BERÜHREND
- O RÄTSELHAFT UND FESSELND
- O EINE ECHTE ACHTERBAHNFAHRT
- O EINE SPRACHLICHE MEISTERLEISTUNG
- O HUMORVOLL UND UNTERHALTSAM
- O EIN ZEITLOSES MEISTERWERK
- O
- O
- O
- O

Buch Nr.:

MEINER GELESENEN BÜCHER

LESEBEGINN

LESEENDE

ENTDECKT DURCH

Buchcover

Buchtitel

Autor*in

Das Buch

BUCHGENRE

VERÖFFENTLICHT AM

SEITENZAHL

INFO

SPRACHE, VERLAG

Bewertung

☆ ☆ ☆ ☆ ☆

MEINUNG ZUM COVER

Emotionen beim Lesen

1.

2.

3.

Lieblingsstelle im Buch

AUF SEITE:

Notizen zum Buch

KURZE ZUSAMMENFASSUNG CHARAKTERE GEDANKEN & EINDRÜCKE

REZENSIERT O JA O NEIN

REZENSIERT BEI …

O

O

O

O

SOCIAL MEDIA BLOG PLANUNG

Dieses Buch ist …

O EINE HERZENSEMPFEHLUNG
O NICHT MEIN DING
O INSPIRIEREND
O MEIN ABSOLUTES LESEHIGHLIGHT
O HOCHSPANNEND
O EIN TOLLES GESCHENK
O SINNLICH
O AUTHENTISCH UND EHRLICH
O UNTER MEINEN TOP 10 BÜCHERN
O EIN LITERARISCHES MEISTERWERK
O TIEF BERÜHREND
O RÄTSELHAFT UND FESSELND
O EINE ECHTE ACHTERBAHNFAHRT
O EINE SPRACHLICHE MEISTERLEISTUNG
O HUMORVOLL UND UNTERHALTSAM
O EIN ZEITLOSES MEISTERWERK
O
O
O
O

Buch Nr.:

MEINER GELESENEN BÜCHER

LESEBEGINN

LESEENDE

ENTDECKT DURCH

Buchcover

Buchtitel

Autor*in

Das Buch

BUCHGENRE

VERÖFFENTLICHT AM

SEITENZAHL

INFO

SPRACHE, VERLAG

Bewertung

☆ ☆ ☆ ☆ ☆

MEINUNG ZUM COVER

Emotionen beim Lesen

1.

2.

3.

Lieblingsstelle im Buch

AUF SEITE:

Notizen zum Buch

KURZE ZUSAMMENFASSUNG CHARAKTERE GEDANKEN & EINDRÜCKE

REZENSIERT O JA O NEIN

REZENSIERT BEI ...

O
O
O
O

SOCIAL MEDIA BLOG PLANUNG

Dieses Buch ist ...

- O EINE HERZENSEMPFEHLUNG
- O NICHT MEIN DING
- O INSPIRIEREND
- O MEIN ABSOLUTES LESEHIGHLIGHT
- O HOCHSPANNEND
- O EIN TOLLES GESCHENK
- O SINNLICH
- O AUTHENTISCH UND EHRLICH
- O UNTER MEINEN TOP 10 BÜCHERN
- O EIN LITERARISCHES MEISTERWERK
- O TIEF BERÜHREND
- O RÄTSELHAFT UND FESSELND
- O EINE ECHTE ACHTERBAHNFAHRT
- O EINE SPRACHLICHE MEISTERLEISTUNG
- O HUMORVOLL UND UNTERHALTSAM
- O EIN ZEITLOSES MEISTERWERK
- O
- O
- O
- O

Buch Nr.:

MEINER GELESENEN BÜCHER

LESEBEGINN

LESEENDE

ENTDECKT DURCH

Buchcover

Buchtitel

Autor*in

Das Buch

BUCHGENRE

VERÖFFENTLICHT AM

SEITENZAHL

INFO

SPRACHE, VERLAG

Bewertung

☆ ☆ ☆ ☆ ☆

MEINUNG ZUM COVER

Emotionen beim Lesen

1.

2.

3.

Lieblingsstelle im Buch

AUF SEITE:

Notizen zum Buch

KURZE ZUSAMMENFASSUNG CHARAKTERE GEDANKEN & EINDRÜCKE

REZENSIERT O JA O NEIN

REZENSIERT BEI ...

O

O

O

O

SOCIAL MEDIA BLOG PLANUNG

Dieses Buch ist ...

- O EINE HERZENSEMPFEHLUNG
- O NICHT MEIN DING
- O INSPIRIEREND
- O MEIN ABSOLUTES LESEHIGHLIGHT
- O HOCHSPANNEND
- O EIN TOLLES GESCHENK
- O SINNLICH
- O AUTHENTISCH UND EHRLICH
- O UNTER MEINEN TOP 10 BÜCHERN
- O EIN LITERARISCHES MEISTERWERK
- O TIEF BERÜHREND
- O RÄTSELHAFT UND FESSELND
- O EINE ECHTE ACHTERBAHNFAHRT
- O EINE SPRACHLICHE MEISTERLEISTUNG
- O HUMORVOLL UND UNTERHALTSAM
- O EIN ZEITLOSES MEISTERWERK
- O
- O
- O
- O

Buch Nr.:

MEINER GELESENEN BÜCHER

LESEBEGINN

LESEENDE

ENTDECKT DURCH

Buchcover

Buchtitel

Autor*in

Das Buch

BUCHGENRE

VERÖFFENTLICHT AM

SEITENZAHL

INFO

SPRACHE, VERLAG

Bewertung

MEINUNG ZUM COVER

Emotionen beim Lesen

1.

2.

3.

Lieblingsstelle im Buch

AUF SEITE:

Notizen zum Buch

KURZE ZUSAMMENFASSUNG · CHARAKTERE · GEDANKEN & EINDRÜCKE

REZENSIERT O JA O NEIN

REZENSIERT BEI …

O

O

O

O

SOCIAL MEDIA · BLOG · PLANUNG

Dieses Buch ist …

- O EINE HERZENSEMPFEHLUNG
- O NICHT MEIN DING
- O INSPIRIEREND
- O MEIN ABSOLUTES LESEHIGHLIGHT
- O HOCHSPANNEND
- O EIN TOLLES GESCHENK
- O SINNLICH
- O AUTHENTISCH UND EHRLICH
- O UNTER MEINEN TOP 10 BÜCHERN
- O EIN LITERARISCHES MEISTERWERK
- O TIEF BERÜHREND
- O RÄTSELHAFT UND FESSELND
- O EINE ECHTE ACHTERBAHNFAHRT
- O EINE SPRACHLICHE MEISTERLEISTUNG
- O HUMORVOLL UND UNTERHALTSAM
- O EIN ZEITLOSES MEISTERWERK
- O
- O
- O
- O

Buch Nr.:

MEINER GELESENEN BÜCHER

LESEBEGINN

LESEENDE

ENTDECKT DURCH

Buchcover

Buchtitel

Autor*in

Das Buch

BUCHGENRE

VERÖFFENTLICHT AM

SEITENZAHL

INFO

SPRACHE, VERLAG

Bewertung

☆ ☆ ☆ ☆ ☆

MEINUNG ZUM COVER

Emotionen beim Lesen

1.

2.

3.

Lieblingsstelle im Buch

AUF SEITE:

Notizen zum Buch

KURZE ZUSAMMENFASSUNG CHARAKTERE GEDANKEN & EINDRÜCKE

REZENSIERT O JA O NEIN

REZENSIERT BEI ...

SOCIAL MEDIA BLOG PLANUNG

Dieses Buch ist ...

- O EINE HERZENSEMPFEHLUNG
- O NICHT MEIN DING
- O INSPIRIEREND
- O MEIN ABSOLUTES LESEHIGHLIGHT
- O HOCHSPANNEND
- O EIN TOLLES GESCHENK
- O SINNLICH
- O AUTHENTISCH UND EHRLICH
- O UNTER MEINEN TOP 10 BÜCHERN
- O EIN LITERARISCHES MEISTERWERK
- O TIEF BERÜHREND
- O RÄTSELHAFT UND FESSELND
- O EINE ECHTE ACHTERBAHNFAHRT
- O EINE SPRACHLICHE MEISTERLEISTUNG
- O HUMORVOLL UND UNTERHALTSAM
- O EIN ZEITLOSES MEISTERWERK

Buch Nr.:

MEINER GELESENEN BÜCHER

LESEBEGINN

LESEENDE

ENTDECKT DURCH

Buchcover

Buchtitel

Autor*in

Das Buch

BUCHGENRE

VERÖFFENTLICHT AM

SEITENZAHL

INFO

SPRACHE, VERLAG

Bewertung

☆ ☆ ☆ ☆ ☆

MEINUNG ZUM COVER

Emotionen beim Lesen

1.

2.

3.

Lieblingsstelle im Buch

AUF SEITE:

Notizen zum Buch

KURZE ZUSAMMENFASSUNG CHARAKTERE GEDANKEN & EINDRÜCKE

REZENSIERT O JA O NEIN

REZENSIERT BEI ...

O O

O O

SOCIAL MEDIA BLOG PLANUNG

Dieses Buch ist ...

O EINE HERZENSEMPFEHLUNG
O NICHT MEIN DING
O INSPIRIEREND
O MEIN ABSOLUTES LESEHIGHLIGHT
O HOCHSPANNEND
O EIN TOLLES GESCHENK
O SINNLICH
O AUTHENTISCH UND EHRLICH

O UNTER MEINEN TOP 10 BÜCHERN
O EIN LITERARISCHES MEISTERWERK
O TIEF BERÜHREND
O RÄTSELHAFT UND FESSELND
O EINE ECHTE ACHTERBAHNFAHRT
O EINE SPRACHLICHE MEISTERLEISTUNG
O HUMORVOLL UND UNTERHALTSAM
O EIN ZEITLOSES MEISTERWERK

O

O

O

O

Buch Nr.:

MEINER GELESENEN BÜCHER

LESEBEGINN

LESEENDE

ENTDECKT DURCH

Buchcover

Buchtitel

Autor*in

Das Buch

BUCHGENRE

VERÖFFENTLICHT AM

SEITENZAHL

INFO

SPRACHE, VERLAG

Bewertung

☆ ☆ ☆ ☆ ☆

MEINUNG ZUM COVER

Emotionen beim Lesen

1.

2.

3.

Lieblingsstelle im Buch

AUF SEITE:

Notizen zum Buch

KURZE ZUSAMMENFASSUNG CHARAKTERE GEDANKEN & EINDRÜCKE

REZENSIERT ○ JA ○ NEIN

REZENSIERT BEI ...

○ ○

○ ○

SOCIAL MEDIA BLOG PLANUNG

Dieses Buch ist ...

- ○ EINE HERZENSEMPFEHLUNG
- ○ NICHT MEIN DING
- ○ INSPIRIEREND
- ○ MEIN ABSOLUTES LESEHIGHLIGHT
- ○ HOCHSPANNEND
- ○ EIN TOLLES GESCHENK
- ○ SINNLICH
- ○ AUTHENTISCH UND EHRLICH
- ○ UNTER MEINEN TOP 10 BÜCHERN
- ○ EIN LITERARISCHES MEISTERWERK
- ○ TIEF BERÜHREND
- ○ RÄTSELHAFT UND FESSELND
- ○ EINE ECHTE ACHTERBAHNFAHRT
- ○ EINE SPRACHLICHE MEISTERLEISTUNG
- ○ HUMORVOLL UND UNTERHALTSAM
- ○ EIN ZEITLOSES MEISTERWERK
- ○
- ○
- ○
- ○

Buch Nr.:

MEINER GELESENEN BÜCHER

LESEBEGINN

LESEENDE

ENTDECKT DURCH

Buchcover

Buchtitel

Autor*in

Das Buch

BUCHGENRE

VERÖFFENTLICHT AM

SEITENZAHL

INFO

SPRACHE, VERLAG

Bewertung

MEINUNG ZUM COVER

Emotionen beim Lesen

1.

2.

3.

Lieblingsstelle im Buch

AUF SEITE:

Notizen zum Buch

KURZE ZUSAMMENFASSUNG CHARAKTERE GEDANKEN & EINDRÜCKE

REZENSIERT O JA O NEIN

REZENSIERT BEI ...

O O

O O

SOCIAL MEDIA BLOG PLANUNG

Dieses Buch ist ...

- O EINE HERZENSEMPFEHLUNG
- O NICHT MEIN DING
- O INSPIRIEREND
- O MEIN ABSOLUTES LESEHIGHLIGHT
- O HOCHSPANNEND
- O EIN TOLLES GESCHENK
- O SINNLICH
- O AUTHENTISCH UND EHRLICH
- O UNTER MEINEN TOP 10 BÜCHERN
- O EIN LITERARISCHES MEISTERWERK
- O TIEF BERÜHREND
- O RÄTSELHAFT UND FESSELND
- O EINE ECHTE ACHTERBAHNFAHRT
- O EINE SPRACHLICHE MEISTERLEISTUNG
- O HUMORVOLL UND UNTERHALTSAM
- O EIN ZEITLOSES MEISTERWERK
- O
- O
- O
- O

Buch Nr.:

MEINER GELESENEN BÜCHER

LESEBEGINN

LESEENDE

ENTDECKT DURCH

Buchcover

Buchtitel

Autor*in

Das Buch

BUCHGENRE

VERÖFFENTLICHT AM

SEITENZAHL

INFO

SPRACHE, VERLAG

Bewertung

MEINUNG ZUM COVER

Emotionen beim Lesen

1.

2.

3.

Lieblingsstelle im Buch

AUF SEITE:

Notizen zum Buch

KURZE ZUSAMMENFASSUNG CHARAKTERE GEDANKEN & EINDRÜCKE

REZENSIERT O JA O NEIN

REZENSIERT BEI ...

O

O

O

O

SOCIAL MEDIA BLOG PLANUNG

Dieses Buch ist ...

- O EINE HERZENSEMPFEHLUNG
- O NICHT MEIN DING
- O INSPIRIEREND
- O MEIN ABSOLUTES LESEHIGHLIGHT
- O HOCHSPANNEND
- O EIN TOLLES GESCHENK
- O SINNLICH
- O AUTHENTISCH UND EHRLICH
- O UNTER MEINEN TOP 10 BÜCHERN
- O EIN LITERARISCHES MEISTERWERK
- O TIEF BERÜHREND
- O RÄTSELHAFT UND FESSELND
- O EINE ECHTE ACHTERBAHNFAHRT
- O EINE SPRACHLICHE MEISTERLEISTUNG
- O HUMORVOLL UND UNTERHALTSAM
- O EIN ZEITLOSES MEISTERWERK
- O
- O
- O
- O

Buch Nr.:

MEINER GELESENEN BÜCHER

LESEBEGINN

LESEENDE

ENTDECKT DURCH

Buchcover

Buchtitel

Autor*in

Das Buch

BUCHGENRE

VERÖFFENTLICHT AM

SEITENZAHL

INFO

SPRACHE, VERLAG

Bewertung

☆ ☆ ☆ ☆ ☆

MEINUNG ZUM COVER

Emotionen beim Lesen

1.

2.

3.

Lieblingsstelle im Buch

AUF SEITE:

Notizen zum Buch

KURZE ZUSAMMENFASSUNG CHARAKTERE GEDANKEN & EINDRÜCKE

REZENSIERT O JA O NEIN

REZENSIERT BEI ...

O
O
O
O

SOCIAL MEDIA BLOG PLANUNG

Dieses Buch ist ...

O EINE HERZENSEMPFEHLUNG
O NICHT MEIN DING
O INSPIRIEREND
O MEIN ABSOLUTES LESEHIGHLIGHT
O HOCHSPANNEND
O EIN TOLLES GESCHENK
O SINNLICH
O AUTHENTISCH UND EHRLICH

O UNTER MEINEN TOP 10 BÜCHERN
O EIN LITERARISCHES MEISTERWERK
O TIEF BERÜHREND
O RÄTSELHAFT UND FESSELND
O EINE ECHTE ACHTERBAHNFAHRT
O EINE SPRACHLICHE MEISTERLEISTUNG
O HUMORVOLL UND UNTERHALTSAM
O EIN ZEITLOSES MEISTERWERK

O
O
O
O

Buch Nr.:

MEINER GELESENEN BÜCHER

LESEBEGINN

LESEENDE

ENTDECKT DURCH

Buchcover

Buchtitel

Autor*in

Das Buch

BUCHGENRE

VERÖFFENTLICHT AM

SEITENZAHL

INFO

SPRACHE, VERLAG

Bewertung

MEINUNG ZUM COVER

Emotionen beim Lesen

1.

2.

3.

Lieblingsstelle im Buch

AUF SEITE:

Notizen zum Buch

KURZE ZUSAMMENFASSUNG · CHARAKTERE · GEDANKEN & EINDRÜCKE

REZENSIERT ○ JA ○ NEIN

REZENSIERT BEI ...

○ ○

○ ○

SOCIAL MEDIA · BLOG · PLANUNG

Dieses Buch ist ...

- ○ EINE HERZENSEMPFEHLUNG
- ○ NICHT MEIN DING
- ○ INSPIRIEREND
- ○ MEIN ABSOLUTES LESEHIGHLIGHT
- ○ HOCHSPANNEND
- ○ EIN TOLLES GESCHENK
- ○ SINNLICH
- ○ AUTHENTISCH UND EHRLICH
- ○ UNTER MEINEN TOP 10 BÜCHERN
- ○ EIN LITERARISCHES MEISTERWERK
- ○ TIEF BERÜHREND
- ○ RÄTSELHAFT UND FESSELND
- ○ EINE ECHTE ACHTERBAHNFAHRT
- ○ EINE SPRACHLICHE MEISTERLEISTUNG
- ○ HUMORVOLL UND UNTERHALTSAM
- ○ EIN ZEITLOSES MEISTERWERK
- ○
- ○
- ○
- ○

Buch Nr.:

MEINER GELESENEN BÜCHER

LESEBEGINN

LESEENDE

ENTDECKT DURCH

Buchcover

Buchtitel

Autor*in

Das Buch

BUCHGENRE

VERÖFFENTLICHT AM

SEITENZAHL

INFO

SPRACHE, VERLAG

Bewertung

MEINUNG ZUM COVER

Emotionen beim Lesen

1.

2.

3.

Lieblingsstelle im Buch

AUF SEITE:

Notizen zum Buch

KURZE ZUSAMMENFASSUNG · CHARAKTERE · GEDANKEN & EINDRÜCKE

REZENSIERT O JA O NEIN

REZENSIERT BEI ...

O ……… O ………

O ……… O ………

SOCIAL MEDIA · BLOG · PLANUNG

Dieses Buch ist ...

- O EINE HERZENSEMPFEHLUNG
- O NICHT MEIN DING
- O INSPIRIEREND
- O MEIN ABSOLUTES LESEHIGHLIGHT
- O HOCHSPANNEND
- O EIN TOLLES GESCHENK
- O SINNLICH
- O AUTHENTISCH UND EHRLICH
- O UNTER MEINEN TOP 10 BÜCHERN
- O EIN LITERARISCHES MEISTERWERK
- O TIEF BERÜHREND
- O RÄTSELHAFT UND FESSELND
- O EINE ECHTE ACHTERBAHNFAHRT
- O EINE SPRACHLICHE MEISTERLEISTUNG
- O HUMORVOLL UND UNTERHALTSAM
- O EIN ZEITLOSES MEISTERWERK
- O ………
- O ………
- O ………
- O ………

Buch Nr.:

MEINER GELESENEN BÜCHER

LESEBEGINN

LESEENDE

ENTDECKT DURCH

Buchcover

Buchtitel

Autor*in

Das Buch

BUCHGENRE

VERÖFFENTLICHT AM

SEITENZAHL

INFO

SPRACHE, VERLAG

Bewertung

MEINUNG ZUM COVER

Emotionen beim Lesen

1.

2.

3.

Lieblingsstelle im Buch

AUF SEITE:

Notizen zum Buch

KURZE ZUSAMMENFASSUNG   CHARAKTERE   GEDANKEN & EINDRÜCKE

REZENSIERT O JA O NEIN

REZENSIERT BEI ...

O
O
O
O

SOCIAL MEDIA   BLOG   PLANUNG

Dieses Buch ist ...

- O EINE HERZENSEMPFEHLUNG
- O NICHT MEIN DING
- O INSPIRIEREND
- O MEIN ABSOLUTES LESEHIGHLIGHT
- O HOCHSPANNEND
- O EIN TOLLES GESCHENK
- O SINNLICH
- O AUTHENTISCH UND EHRLICH
- O UNTER MEINEN TOP 10 BÜCHERN
- O EIN LITERARISCHES MEISTERWERK
- O TIEF BERÜHREND
- O RÄTSELHAFT UND FESSELND
- O EINE ECHTE ACHTERBAHNFAHRT
- O EINE SPRACHLICHE MEISTERLEISTUNG
- O HUMORVOLL UND UNTERHALTSAM
- O EIN ZEITLOSES MEISTERWERK
- O
- O
- O
- O

Buch Nr.:

MEINER GELESENEN BÜCHER

LESEBEGINN

LESEENDE

ENTDECKT DURCH

Buchcover

Buchtitel

Autor*in

Das Buch

BUCHGENRE

VERÖFFENTLICHT AM

SEITENZAHL

INFO

SPRACHE, VERLAG

Bewertung

☆ ☆ ☆ ☆ ☆

MEINUNG ZUM COVER

Emotionen beim Lesen

1.

2.

3.

Lieblingsstelle im Buch

AUF SEITE:

Notizen zum Buch

KURZE ZUSAMMENFASSUNG CHARAKTERE GEDANKEN & EINDRÜCKE

REZENSIERT O JA O NEIN

REZENSIERT BEI ...

O

O

O

O

SOCIAL MEDIA BLOG PLANUNG

Dieses Buch ist ...

- O EINE HERZENSEMPFEHLUNG
- O NICHT MEIN DING
- O INSPIRIEREND
- O MEIN ABSOLUTES LESEHIGHLIGHT
- O HOCHSPANNEND
- O EIN TOLLES GESCHENK
- O SINNLICH
- O AUTHENTISCH UND EHRLICH
- O UNTER MEINEN TOP 10 BÜCHERN
- O EIN LITERARISCHES MEISTERWERK
- O TIEF BERÜHREND
- O RÄTSELHAFT UND FESSELND
- O EINE ECHTE ACHTERBAHNFAHRT
- O EINE SPRACHLICHE MEISTERLEISTUNG
- O HUMORVOLL UND UNTERHALTSAM
- O EIN ZEITLOSES MEISTERWERK
- O
- O
- O
- O

Buch Nr.:

MEINER GELESENEN BÜCHER

LESEBEGINN

LESEENDE

ENTDECKT DURCH

Buchcover

Buchtitel

Autor*in

Das Buch

BUCHGENRE

VERÖFFENTLICHT AM

SEITENZAHL

INFO

SPRACHE, VERLAG

Bewertung

MEINUNG ZUM COVER

Emotionen beim Lesen

1.

2.

3.

Lieblingsstelle im Buch

AUF SEITE:

Notizen zum Buch

KURZE ZUSAMMENFASSUNG · CHARAKTERE · GEDANKEN & EINDRÜCKE

REZENSIERT ○ JA ○ NEIN

SOCIAL MEDIA · BLOG · PLANUNG

REZENSIERT BEI ...

○

○

○

○

Dieses Buch ist ...

- ○ EINE HERZENSEMPFEHLUNG
- ○ NICHT MEIN DING
- ○ INSPIRIEREND
- ○ MEIN ABSOLUTES LESEHIGHLIGHT
- ○ HOCHSPANNEND
- ○ EIN TOLLES GESCHENK
- ○ SINNLICH
- ○ AUTHENTISCH UND EHRLICH
- ○ UNTER MEINEN TOP 10 BÜCHERN
- ○ EIN LITERARISCHES MEISTERWERK
- ○ TIEF BERÜHREND
- ○ RÄTSELHAFT UND FESSELND
- ○ EINE ECHTE ACHTERBAHNFAHRT
- ○ EINE SPRACHLICHE MEISTERLEISTUNG
- ○ HUMORVOLL UND UNTERHALTSAM
- ○ EIN ZEITLOSES MEISTERWERK
- ○
- ○
- ○
- ○

Buch Nr.:

MEINER GELESENEN BÜCHER

LESEBEGINN

LESEENDE

ENTDECKT DURCH

Buchcover

Buchtitel

Autor*in

Das Buch

BUCHGENRE

VERÖFFENTLICHT AM

SEITENZAHL

INFO

SPRACHE, VERLAG

Bewertung

☆ ☆ ☆ ☆ ☆

MEINUNG ZUM COVER

Emotionen beim Lesen

1.

2.

3.

Lieblingsstelle im Buch

AUF SEITE:

Notizen zum Buch

KURZE ZUSAMMENFASSUNG CHARAKTERE GEDANKEN & EINDRÜCKE

REZENSIERT O JA O NEIN

REZENSIERT BEI ...

O
O
O
O

SOCIAL MEDIA BLOG PLANUNG

Dieses Buch ist ...

- O EINE HERZENSEMPFEHLUNG
- O NICHT MEIN DING
- O INSPIRIEREND
- O MEIN ABSOLUTES LESEHIGHLIGHT
- O HOCHSPANNEND
- O EIN TOLLES GESCHENK
- O SINNLICH
- O AUTHENTISCH UND EHRLICH
- O UNTER MEINEN TOP 10 BÜCHERN
- O EIN LITERARISCHES MEISTERWERK
- O TIEF BERÜHREND
- O RÄTSELHAFT UND FESSELND
- O EINE ECHTE ACHTERBAHNFAHRT
- O EINE SPRACHLICHE MEISTERLEISTUNG
- O HUMORVOLL UND UNTERHALTSAM
- O EIN ZEITLOSES MEISTERWERK
- O
- O
- O
- O

Buch Nr.:

MEINER GELESENEN BÜCHER

LESEBEGINN

LESEENDE

ENTDECKT DURCH

Buchcover

Buchtitel

Autor*in

Das Buch

BUCHGENRE

VERÖFFENTLICHT AM

SEITENZAHL

INFO

SPRACHE, VERLAG

Bewertung

☆ ☆ ☆ ☆ ☆

MEINUNG ZUM COVER

Emotionen beim Lesen

1.

2.

3.

Lieblingsstelle im Buch

AUF SEITE:

Notizen zum Buch

KURZE ZUSAMMENFASSUNG   CHARAKTERE   GEDANKEN & EINDRÜCKE

REZENSIERT   O JA   O NEIN

REZENSIERT BEI …

O
O
O
O

SOCIAL MEDIA   BLOG   PLANUNG

Dieses Buch ist …

- O EINE HERZENSEMPFEHLUNG
- O NICHT MEIN DING
- O INSPIRIEREND
- O MEIN ABSOLUTES LESEHIGHLIGHT
- O HOCHSPANNEND
- O EIN TOLLES GESCHENK
- O SINNLICH
- O AUTHENTISCH UND EHRLICH
- O UNTER MEINEN TOP 10 BÜCHERN
- O EIN LITERARISCHES MEISTERWERK
- O TIEF BERÜHREND
- O RÄTSELHAFT UND FESSELND
- O EINE ECHTE ACHTERBAHNFAHRT
- O EINE SPRACHLICHE MEISTERLEISTUNG
- O HUMORVOLL UND UNTERHALTSAM
- O EIN ZEITLOSES MEISTERWERK
- O
- O
- O
- O

Buch Nr.:

MEINER GELESENEN BÜCHER

LESEBEGINN

LESEENDE

ENTDECKT DURCH

Buchcover

Buchtitel

Autor*in

Das Buch

BUCHGENRE

VERÖFFENTLICHT AM

SEITENZAHL

INFO

SPRACHE, VERLAG

Bewertung

☆☆☆☆☆

MEINUNG ZUM COVER

Emotionen beim Lesen

1.

2.

3.

Lieblingsstelle im Buch

AUF SEITE:

Notizen zum Buch

KURZE ZUSAMMENFASSUNG · CHARAKTERE · GEDANKEN & EINDRÜCKE

REZENSIERT O JA O NEIN

REZENSIERT BEI ...

O

O

O

O

SOCIAL MEDIA · BLOG · PLANUNG

Dieses Buch ist ...

- O EINE HERZENSEMPFEHLUNG
- O NICHT MEIN DING
- O INSPIRIEREND
- O MEIN ABSOLUTES LESEHIGHLIGHT
- O HOCHSPANNEND
- O EIN TOLLES GESCHENK
- O SINNLICH
- O AUTHENTISCH UND EHRLICH
- O UNTER MEINEN TOP 10 BÜCHERN
- O EIN LITERARISCHES MEISTERWERK
- O TIEF BERÜHREND
- O RÄTSELHAFT UND FESSELND
- O EINE ECHTE ACHTERBAHNFAHRT
- O EINE SPRACHLICHE MEISTERLEISTUNG
- O HUMORVOLL UND UNTERHALTSAM
- O EIN ZEITLOSES MEISTERWERK
- O
- O
- O
- O

Buch Nr.:

MEINER GELESENEN BÜCHER

LESEBEGINN

LESEENDE

ENTDECKT DURCH

Buchcover

Buchtitel

Autor*in

Das Buch

BUCHGENRE

VERÖFFENTLICHT AM

SEITENZAHL

INFO

SPRACHE, VERLAG

Bewertung

MEINUNG ZUM COVER

Emotionen beim Lesen

1.

2.

3.

Lieblingsstelle im Buch

AUF SEITE:

Notizen zum Buch

KURZE ZUSAMMENFASSUNG · CHARAKTERE · GEDANKEN & EINDRÜCKE

REZENSIERT ○ JA ○ NEIN

REZENSIERT BEI ...

○ ○

○ ○

SOCIAL MEDIA · BLOG · PLANUNG

Dieses Buch ist ...

- ○ EINE HERZENSEMPFEHLUNG
- ○ NICHT MEIN DING
- ○ INSPIRIEREND
- ○ MEIN ABSOLUTES LESEHIGHLIGHT
- ○ HOCHSPANNEND
- ○ EIN TOLLES GESCHENK
- ○ SINNLICH
- ○ AUTHENTISCH UND EHRLICH
- ○ UNTER MEINEN TOP 10 BÜCHERN
- ○ EIN LITERARISCHES MEISTERWERK
- ○ TIEF BERÜHREND
- ○ RÄTSELHAFT UND FESSELND
- ○ EINE ECHTE ACHTERBAHNFAHRT
- ○ EINE SPRACHLICHE MEISTERLEISTUNG
- ○ HUMORVOLL UND UNTERHALTSAM
- ○ EIN ZEITLOSES MEISTERWERK
- ○
- ○
- ○
- ○

Buch Nr.:

MEINER GELESENEN BÜCHER

LESEBEGINN

LESEENDE

ENTDECKT DURCH

Buchcover

Buchtitel

Autor*in

Das Buch

BUCHGENRE

VERÖFFENTLICHT AM

SEITENZAHL

INFO

SPRACHE, VERLAG

Bewertung

☆ ☆ ☆ ☆ ☆

MEINUNG ZUM COVER

Emotionen beim Lesen

1.

2.

3.

Lieblingsstelle im Buch

AUF SEITE:

Notizen zum Buch

KURZE ZUSAMMENFASSUNG · CHARAKTERE · GEDANKEN & EINDRÜCKE

REZENSIERT O JA O NEIN

REZENSIERT BEI …

O ……
O ……
O ……
O ……

SOCIAL MEDIA · BLOG · PLANUNG

Dieses Buch ist …

- O EINE HERZENSEMPFEHLUNG
- O NICHT MEIN DING
- O INSPIRIEREND
- O MEIN ABSOLUTES LESEHIGHLIGHT
- O HOCHSPANNEND
- O EIN TOLLES GESCHENK
- O SINNLICH
- O AUTHENTISCH UND EHRLICH
- O UNTER MEINEN TOP 10 BÜCHERN
- O EIN LITERARISCHES MEISTERWERK
- O TIEF BERÜHREND
- O RÄTSELHAFT UND FESSELND
- O EINE ECHTE ACHTERBAHNFAHRT
- O EINE SPRACHLICHE MEISTERLEISTUNG
- O HUMORVOLL UND UNTERHALTSAM
- O EIN ZEITLOSES MEISTERWERK
- O ……
- O ……
- O ……
- O ……

Buch Nr.:

MEINER GELESENEN BÜCHER

LESEBEGINN

LESEENDE

ENTDECKT DURCH

Buchcover

Buchtitel

Autor*in

Das Buch

BUCHGENRE

VERÖFFENTLICHT AM

SEITENZAHL

INFO

SPRACHE, VERLAG

Bewertung

☆ ☆ ☆ ☆ ☆

MEINUNG ZUM COVER

Emotionen beim Lesen

1.

2.

3.

Lieblingsstelle im Buch

AUF SEITE:

Notizen zum Buch

KURZE ZUSAMMENFASSUNG CHARAKTERE GEDANKEN & EINDRÜCKE

REZENSIERT O JA O NEIN

REZENSIERT BEI …

O
O
O
O

SOCIAL MEDIA BLOG PLANUNG

Dieses Buch ist …

- O EINE HERZENSEMPFEHLUNG
- O NICHT MEIN DING
- O INSPIRIEREND
- O MEIN ABSOLUTES LESEHIGHLIGHT
- O HOCHSPANNEND
- O EIN TOLLES GESCHENK
- O SINNLICH
- O AUTHENTISCH UND EHRLICH
- O UNTER MEINEN TOP 10 BÜCHERN
- O EIN LITERARISCHES MEISTERWERK
- O TIEF BERÜHREND
- O RÄTSELHAFT UND FESSELND
- O EINE ECHTE ACHTERBAHNFAHRT
- O EINE SPRACHLICHE MEISTERLEISTUNG
- O HUMORVOLL UND UNTERHALTSAM
- O EIN ZEITLOSES MEISTERWERK
- O
- O
- O
- O

Buch Nr.:

MEINER GELESENEN BÜCHER

LESEBEGINN

LESEENDE

ENTDECKT DURCH

Buchcover

Buchtitel

Autor*in

Das Buch

BUCHGENRE

VERÖFFENTLICHT AM

SEITENZAHL

INFO

SPRACHE, VERLAG

Bewertung

☆ ☆ ☆ ☆ ☆

MEINUNG ZUM COVER

Emotionen beim Lesen

1.

2.

3.

Lieblingsstelle im Buch

AUF SEITE:

Notizen zum Buch

KURZE ZUSAMMENFASSUNG CHARAKTERE GEDANKEN & EINDRÜCKE

REZENSIERT O JA O NEIN

REZENSIERT BEI ...

O

O

O

O

SOCIAL MEDIA BLOG PLANUNG

Dieses Buch ist ...

- O EINE HERZENSEMPFEHLUNG
- O NICHT MEIN DING
- O INSPIRIEREND
- O MEIN ABSOLUTES LESEHIGHLIGHT
- O HOCHSPANNEND
- O EIN TOLLES GESCHENK
- O SINNLICH
- O AUTHENTISCH UND EHRLICH
- O UNTER MEINEN TOP 10 BÜCHERN
- O EIN LITERARISCHES MEISTERWERK
- O TIEF BERÜHREND
- O RÄTSELHAFT UND FESSELND
- O EINE ECHTE ACHTERBAHNFAHRT
- O EINE SPRACHLICHE MEISTERLEISTUNG
- O HUMORVOLL UND UNTERHALTSAM
- O EIN ZEITLOSES MEISTERWERK
- O
- O
- O
- O

Buch Nr.:

MEINER GELESENEN BÜCHER

LESEBEGINN

LESEENDE

ENTDECKT DURCH

Buchcover

Buchtitel

Autor*in

Das Buch

BUCHGENRE

VERÖFFENTLICHT AM

SEITENZAHL

INFO

SPRACHE, VERLAG

Bewertung

☆ ☆ ☆ ☆ ☆

MEINUNG ZUM COVER

Emotionen beim Lesen

1.

2.

3.

Lieblingsstelle im Buch

AUF SEITE:

Notizen zum Buch

KURZE ZUSAMMENFASSUNG CHARAKTERE GEDANKEN & EINDRÜCKE

REZENSIERT O JA O NEIN

REZENSIERT BEI ...

O
O
O
O

SOCIAL MEDIA BLOG PLANUNG

Dieses Buch ist ...

- O EINE HERZENSEMPFEHLUNG
- O NICHT MEIN DING
- O INSPIRIEREND
- O MEIN ABSOLUTES LESEHIGHLIGHT
- O HOCHSPANNEND
- O EIN TOLLES GESCHENK
- O SINNLICH
- O AUTHENTISCH UND EHRLICH
- O UNTER MEINEN TOP 10 BÜCHERN
- O EIN LITERARISCHES MEISTERWERK
- O TIEF BERÜHREND
- O RÄTSELHAFT UND FESSELND
- O EINE ECHTE ACHTERBAHNFAHRT
- O EINE SPRACHLICHE MEISTERLEISTUNG
- O HUMORVOLL UND UNTERHALTSAM
- O EIN ZEITLOSES MEISTERWERK
- O
- O
- O
- O

Buch Nr.:

MEINER GELESENEN BÜCHER

LESEBEGINN

LESEENDE

ENTDECKT DURCH

Buchcover

Buchtitel

Autor*in

Das Buch

BUCHGENRE

VERÖFFENTLICHT AM

SEITENZAHL

INFO

SPRACHE, VERLAG

Bewertung

☆ ☆ ☆ ☆ ☆

MEINUNG ZUM COVER

Emotionen beim Lesen

1.

2.

3.

Lieblingsstelle im Buch

AUF SEITE:

Notizen zum Buch

KURZE ZUSAMMENFASSUNG CHARAKTERE GEDANKEN & EINDRÜCKE

REZENSIERT O JA O NEIN

REZENSIERT BEI ...

O
O
O
O

SOCIAL MEDIA BLOG PLANUNG

Dieses Buch ist ...

- O EINE HERZENSEMPFEHLUNG
- O NICHT MEIN DING
- O INSPIRIEREND
- O MEIN ABSOLUTES LESEHIGHLIGHT
- O HOCHSPANNEND
- O EIN TOLLES GESCHENK
- O SINNLICH
- O AUTHENTISCH UND EHRLICH
- O UNTER MEINEN TOP 10 BÜCHERN
- O EIN LITERARISCHES MEISTERWERK
- O TIEF BERÜHREND
- O RÄTSELHAFT UND FESSELND
- O EINE ECHTE ACHTERBAHNFAHRT
- O EINE SPRACHLICHE MEISTERLEISTUNG
- O HUMORVOLL UND UNTERHALTSAM
- O EIN ZEITLOSES MEISTERWERK
- O
- O
- O
- O

Buch Nr.:

MEINER GELESENEN BÜCHER

LESEBEGINN

LESEENDE

ENTDECKT DURCH

Buchcover

Buchtitel

Autor*in

Das Buch

BUCHGENRE

VERÖFFENTLICHT AM

SEITENZAHL

INFO

SPRACHE, VERLAG

Bewertung

☆ ☆ ☆ ☆ ☆

MEINUNG ZUM COVER

Emotionen beim Lesen

1.

2.

3.

Lieblingsstelle im Buch

AUF SEITE:

Notizen zum Buch

KURZE ZUSAMMENFASSUNG · CHARAKTERE · GEDANKEN & EINDRÜCKE

REZENSIERT O JA O NEIN

REZENSIERT BEI …

O

O

O

O

SOCIAL MEDIA · BLOG · PLANUNG

Dieses Buch ist …

- O EINE HERZENSEMPFEHLUNG
- O NICHT MEIN DING
- O INSPIRIEREND
- O MEIN ABSOLUTES LESEHIGHLIGHT
- O HOCHSPANNEND
- O EIN TOLLES GESCHENK
- O SINNLICH
- O AUTHENTISCH UND EHRLICH
- O UNTER MEINEN TOP 10 BÜCHERN
- O EIN LITERARISCHES MEISTERWERK
- O TIEF BERÜHREND
- O RÄTSELHAFT UND FESSELND
- O EINE ECHTE ACHTERBAHNFAHRT
- O EINE SPRACHLICHE MEISTERLEISTUNG
- O HUMORVOLL UND UNTERHALTSAM
- O EIN ZEITLOSES MEISTERWERK
- O
- O
- O
- O

Buch Nr.:

MEINER GELESENEN BÜCHER

LESEBEGINN

LESEENDE

ENTDECKT DURCH

Buchcover

Buchtitel

Autor*in

Das Buch

BUCHGENRE

VERÖFFENTLICHT AM

SEITENZAHL

INFO

SPRACHE, VERLAG

Bewertung

☆ ☆ ☆ ☆ ☆

MEINUNG ZUM COVER

Emotionen beim Lesen

1.

2.

3.

Lieblingsstelle im Buch

AUF SEITE:

Notizen zum Buch

KURZE ZUSAMMENFASSUNG · CHARAKTERE · GEDANKEN & EINDRÜCKE

REZENSIERT ○ JA ○ NEIN

REZENSIERT BEI …

○ ○

○ ○

SOCIAL MEDIA · BLOG · PLANUNG

Dieses Buch ist …

- ○ EINE HERZENSEMPFEHLUNG
- ○ NICHT MEIN DING
- ○ INSPIRIEREND
- ○ MEIN ABSOLUTES LESEHIGHLIGHT
- ○ HOCHSPANNEND
- ○ EIN TOLLES GESCHENK
- ○ SINNLICH
- ○ AUTHENTISCH UND EHRLICH
- ○ UNTER MEINEN TOP 10 BÜCHERN
- ○ EIN LITERARISCHES MEISTERWERK
- ○ TIEF BERÜHREND
- ○ RÄTSELHAFT UND FESSELND
- ○ EINE ECHTE ACHTERBAHNFAHRT
- ○ EINE SPRACHLICHE MEISTERLEISTUNG
- ○ HUMORVOLL UND UNTERHALTSAM
- ○ EIN ZEITLOSES MEISTERWERK
- ○
- ○
- ○
- ○

Buch Nr.:

MEINER GELESENEN BÜCHER

LESEBEGINN

LESEENDE

ENTDECKT DURCH

Buchcover

Buchtitel

Autor*in

Das Buch

BUCHGENRE

VERÖFFENTLICHT AM

SEITENZAHL

INFO

SPRACHE, VERLAG

Bewertung

☆ ☆ ☆ ☆ ☆

MEINUNG ZUM COVER

Emotionen beim Lesen

1.

2.

3.

Lieblingsstelle im Buch

AUF SEITE:

Notizen zum Buch

KURZE ZUSAMMENFASSUNG · CHARAKTERE · GEDANKEN & EINDRÜCKE

REZENSIERT O JA O NEIN

REZENSIERT BEI ...

O
O
O
O

SOCIAL MEDIA · BLOG · PLANUNG

Dieses Buch ist ...

- O EINE HERZENSEMPFEHLUNG
- O NICHT MEIN DING
- O INSPIRIEREND
- O MEIN ABSOLUTES LESEHIGHLIGHT
- O HOCHSPANNEND
- O EIN TOLLES GESCHENK
- O SINNLICH
- O AUTHENTISCH UND EHRLICH
- O UNTER MEINEN TOP 10 BÜCHERN
- O EIN LITERARISCHES MEISTERWERK
- O TIEF BERÜHREND
- O RÄTSELHAFT UND FESSELND
- O EINE ECHTE ACHTERBAHNFAHRT
- O EINE SPRACHLICHE MEISTERLEISTUNG
- O HUMORVOLL UND UNTERHALTSAM
- O EIN ZEITLOSES MEISTERWERK
- O
- O
- O
- O

Buch Nr.:

MEINER GELESENEN BÜCHER

LESEBEGINN

LESEENDE

ENTDECKT DURCH

Buchcover

Buchtitel

Autor*in

Das Buch

BUCHGENRE

VERÖFFENTLICHT AM

SEITENZAHL

INFO

SPRACHE, VERLAG

Bewertung

☆ ☆ ☆ ☆ ☆

MEINUNG ZUM COVER

Emotionen beim Lesen

1.

2.

3.

Lieblingsstelle im Buch

AUF SEITE:

Notizen zum Buch

KURZE ZUSAMMENFASSUNG · CHARAKTERE · GEDANKEN & EINDRÜCKE

REZENSIERT O JA O NEIN

REZENSIERT BEI ...

O

O

O

O

SOCIAL MEDIA · BLOG · PLANUNG

Dieses Buch ist ...

- O EINE HERZENSEMPFEHLUNG
- O NICHT MEIN DING
- O INSPIRIEREND
- O MEIN ABSOLUTES LESEHIGHLIGHT
- O HOCHSPANNEND
- O EIN TOLLES GESCHENK
- O SINNLICH
- O AUTHENTISCH UND EHRLICH
- O UNTER MEINEN TOP 10 BÜCHERN
- O EIN LITERARISCHES MEISTERWERK
- O TIEF BERÜHREND
- O RÄTSELHAFT UND FESSELND
- O EINE ECHTE ACHTERBAHNFAHRT
- O EINE SPRACHLICHE MEISTERLEISTUNG
- O HUMORVOLL UND UNTERHALTSAM
- O EIN ZEITLOSES MEISTERWERK
- O
- O
- O
- O

Buch Nr.:

MEINER GELESENEN BÜCHER

LESEBEGINN

LESEENDE

ENTDECKT DURCH

Buchcover

Buchtitel

Autor*in

Das Buch

BUCHGENRE

VERÖFFENTLICHT AM

SEITENZAHL

INFO

SPRACHE, VERLAG

Bewertung

☆ ☆ ☆ ☆ ☆

MEINUNG ZUM COVER

Emotionen beim Lesen

1.

2.

3.

Lieblingsstelle im Buch

AUF SEITE:

Notizen zum Buch

KURZE ZUSAMMENFASSUNG CHARAKTERE GEDANKEN & EINDRÜCKE

REZENSIERT O JA O NEIN

REZENSIERT BEI ...

O .... O ....

O .... O ....

SOCIAL MEDIA BLOG PLANUNG

Dieses Buch ist ...

- O EINE HERZENSEMPFEHLUNG
- O NICHT MEIN DING
- O INSPIRIEREND
- O MEIN ABSOLUTES LESEHIGHLIGHT
- O HOCHSPANNEND
- O EIN TOLLES GESCHENK
- O SINNLICH
- O AUTHENTISCH UND EHRLICH
- O UNTER MEINEN TOP 10 BÜCHERN
- O EIN LITERARISCHES MEISTERWERK
- O TIEF BERÜHREND
- O RÄTSELHAFT UND FESSELND
- O EINE ECHTE ACHTERBAHNFAHRT
- O EINE SPRACHLICHE MEISTERLEISTUNG
- O HUMORVOLL UND UNTERHALTSAM
- O EIN ZEITLOSES MEISTERWERK
- O ....
- O ....
- O ....
- O ....

Buch Nr.:

MEINER GELESENEN BÜCHER

LESEBEGINN

LESEENDE

ENTDECKT DURCH

Buchcover

Buchtitel

Autor*in

Das Buch

BUCHGENRE

VERÖFFENTLICHT AM

SEITENZAHL

INFO

SPRACHE, VERLAG

Bewertung

☆ ☆ ☆ ☆ ☆

MEINUNG ZUM COVER

Emotionen beim Lesen

1.

2.

3.

Lieblingsstelle im Buch

AUF SEITE:

Notizen zum Buch

KURZE ZUSAMMENFASSUNG CHARAKTERE GEDANKEN & EINDRÜCKE

REZENSIERT O JA O NEIN

REZENSIERT BEI ...

O O

O O

SOCIAL MEDIA BLOG PLANUNG

Dieses Buch ist ...

- O EINE HERZENSEMPFEHLUNG
- O NICHT MEIN DING
- O INSPIRIEREND
- O MEIN ABSOLUTES LESEHIGHLIGHT
- O HOCHSPANNEND
- O EIN TOLLES GESCHENK
- O SINNLICH
- O AUTHENTISCH UND EHRLICH
- O UNTER MEINEN TOP 10 BÜCHERN
- O EIN LITERARISCHES MEISTERWERK
- O TIEF BERÜHREND
- O RÄTSELHAFT UND FESSELND
- O EINE ECHTE ACHTERBAHNFAHRT
- O EINE SPRACHLICHE MEISTERLEISTUNG
- O HUMORVOLL UND UNTERHALTSAM
- O EIN ZEITLOSES MEISTERWERK
- O
- O
- O
- O

Buch Nr.:

MEINER GELESENEN BÜCHER

LESEBEGINN

LESEENDE

ENTDECKT DURCH

Buchcover

Buchtitel

Autor*in

Das Buch

BUCHGENRE

VERÖFFENTLICHT AM

SEITENZAHL

INFO

SPRACHE, VERLAG

Bewertung

☆ ☆ ☆ ☆ ☆

MEINUNG ZUM COVER

Emotionen beim Lesen

1.

2.

3.

Lieblingsstelle im Buch

AUF SEITE:

Notizen zum Buch

KURZE ZUSAMMENFASSUNG · CHARAKTERE · GEDANKEN & EINDRÜCKE

REZENSIERT ○ JA ○ NEIN

REZENSIERT BEI ...

○ ○

○ ○

SOCIAL MEDIA · BLOG · PLANUNG

Dieses Buch ist ...

○ EINE HERZENSEMPFEHLUNG
○ NICHT MEIN DING
○ INSPIRIEREND
○ MEIN ABSOLUTES LESEHIGHLIGHT
○ HOCHSPANNEND
○ EIN TOLLES GESCHENK
○ SINNLICH
○ AUTHENTISCH UND EHRLICH

○ UNTER MEINEN TOP 10 BÜCHERN
○ EIN LITERARISCHES MEISTERWERK
○ TIEF BERÜHREND
○ RÄTSELHAFT UND FESSELND
○ EINE ECHTE ACHTERBAHNFAHRT
○ EINE SPRACHLICHE MEISTERLEISTUNG
○ HUMORVOLL UND UNTERHALTSAM
○ EIN ZEITLOSES MEISTERWERK

○
○
○
○

Buch Nr.:

MEINER GELESENEN BÜCHER

LESEBEGINN

LESEENDE

ENTDECKT DURCH

Buchcover

Buchtitel

Autor*in

Das Buch

BUCHGENRE

VERÖFFENTLICHT AM

SEITENZAHL

INFO

SPRACHE, VERLAG

Bewertung

☆ ☆ ☆ ☆ ☆

MEINUNG ZUM COVER

Emotionen beim Lesen

1.

2.

3.

Lieblingsstelle im Buch

AUF SEITE:

Notizen zum Buch

KURZE ZUSAMMENFASSUNG CHARAKTERE GEDANKEN & EINDRÜCKE

REZENSIERT O JA O NEIN

REZENSIERT BEI ...

O O

O O

SOCIAL MEDIA BLOG PLANUNG

Dieses Buch ist ...

- O EINE HERZENSEMPFEHLUNG
- O NICHT MEIN DING
- O INSPIRIEREND
- O MEIN ABSOLUTES LESEHIGHLIGHT
- O HOCHSPANNEND
- O EIN TOLLES GESCHENK
- O SINNLICH
- O AUTHENTISCH UND EHRLICH
- O UNTER MEINEN TOP 10 BÜCHERN
- O EIN LITERARISCHES MEISTERWERK
- O TIEF BERÜHREND
- O RÄTSELHAFT UND FESSELND
- O EINE ECHTE ACHTERBAHNFAHRT
- O EINE SPRACHLICHE MEISTERLEISTUNG
- O HUMORVOLL UND UNTERHALTSAM
- O EIN ZEITLOSES MEISTERWERK
- O
- O
- O
- O

Buch Nr.:

MEINER GELESENEN BÜCHER

LESEBEGINN

LESEENDE

ENTDECKT DURCH

Buchcover

Buchtitel

Autor*in

Das Buch

BUCHGENRE

VERÖFFENTLICHT AM

SEITENZAHL

INFO

SPRACHE, VERLAG

Bewertung

MEINUNG ZUM COVER

Emotionen beim Lesen

1.

2.

3.

Lieblingsstelle im Buch

AUF SEITE:

Notizen zum Buch

KURZE ZUSAMMENFASSUNG CHARAKTERE GEDANKEN & EINDRÜCKE

REZENSIERT O JA O NEIN

REZENSIERT BEI ...

O .... O ....

O .... O ....

SOCIAL MEDIA BLOG PLANUNG

Dieses Buch ist ...

- O EINE HERZENSEMPFEHLUNG
- O NICHT MEIN DING
- O INSPIRIEREND
- O MEIN ABSOLUTES LESEHIGHLIGHT
- O HOCHSPANNEND
- O EIN TOLLES GESCHENK
- O SINNLICH
- O AUTHENTISCH UND EHRLICH
- O UNTER MEINEN TOP 10 BÜCHERN
- O EIN LITERARISCHES MEISTERWERK
- O TIEF BERÜHREND
- O RÄTSELHAFT UND FESSELND
- O EINE ECHTE ACHTERBAHNFAHRT
- O EINE SPRACHLICHE MEISTERLEISTUNG
- O HUMORVOLL UND UNTERHALTSAM
- O EIN ZEITLOSES MEISTERWERK
- O ....
- O ....
- O ....
- O ....

Buch Nr.:

MEINER GELESENEN BÜCHER

LESEBEGINN

LESEENDE

ENTDECKT DURCH

Buchcover

Buchtitel

Autor*in

Das Buch

BUCHGENRE

VERÖFFENTLICHT AM

SEITENZAHL

INFO

SPRACHE, VERLAG

Bewertung

☆ ☆ ☆ ☆ ☆

MEINUNG ZUM COVER

Emotionen beim Lesen

1.

2.

3.

Lieblingsstelle im Buch

AUF SEITE:

Notizen zum Buch

KURZE ZUSAMMENFASSUNG CHARAKTERE GEDANKEN & EINDRÜCKE

REZENSIERT O JA O NEIN

REZENSIERT BEI ...

O O

O O

SOCIAL MEDIA BLOG PLANUNG

Dieses Buch ist ...

- O EINE HERZENSEMPFEHLUNG
- O NICHT MEIN DING
- O INSPIRIEREND
- O MEIN ABSOLUTES LESEHIGHLIGHT
- O HOCHSPANNEND
- O EIN TOLLES GESCHENK
- O SINNLICH
- O AUTHENTISCH UND EHRLICH
- O UNTER MEINEN TOP 10 BÜCHERN
- O EIN LITERARISCHES MEISTERWERK
- O TIEF BERÜHREND
- O RÄTSELHAFT UND FESSELND
- O EINE ECHTE ACHTERBAHNFAHRT
- O EINE SPRACHLICHE MEISTERLEISTUNG
- O HUMORVOLL UND UNTERHALTSAM
- O EIN ZEITLOSES MEISTERWERK
- O
- O
- O
- O

Buch Nr.:

MEINER GELESENEN BÜCHER

LESEBEGINN

LESEENDE

ENTDECKT DURCH

Buchcover

Buchtitel

Autor*in

Das Buch

BUCHGENRE

VERÖFFENTLICHT AM

SEITENZAHL

INFO

SPRACHE, VERLAG

Bewertung

☆ ☆ ☆ ☆ ☆

MEINUNG ZUM COVER

Emotionen beim Lesen

1.

2.

3.

Lieblingsstelle im Buch

AUF SEITE:

Notizen zum Buch

KURZE ZUSAMMENFASSUNG CHARAKTERE GEDANKEN & EINDRÜCKE

REZENSIERT O JA O NEIN

REZENSIERT BEI ...

O

O

O

O

SOCIAL MEDIA BLOG PLANUNG

Dieses Buch ist ...

- O EINE HERZENSEMPFEHLUNG
- O NICHT MEIN DING
- O INSPIRIEREND
- O MEIN ABSOLUTES LESEHIGHLIGHT
- O HOCHSPANNEND
- O EIN TOLLES GESCHENK
- O SINNLICH
- O AUTHENTISCH UND EHRLICH
- O UNTER MEINEN TOP 10 BÜCHERN
- O EIN LITERARISCHES MEISTERWERK
- O TIEF BERÜHREND
- O RÄTSELHAFT UND FESSELND
- O EINE ECHTE ACHTERBAHNFAHRT
- O EINE SPRACHLICHE MEISTERLEISTUNG
- O HUMORVOLL UND UNTERHALTSAM
- O EIN ZEITLOSES MEISTERWERK
- O
- O
- O
- O

Buch Nr.:

MEINER GELESENEN BÜCHER

LESEBEGINN

LESEENDE

ENTDECKT DURCH

Buchcover

Buchtitel

Autor*in

Das Buch

BUCHGENRE

VERÖFFENTLICHT AM

SEITENZAHL

INFO

SPRACHE, VERLAG

Bewertung

☆ ☆ ☆ ☆ ☆

MEINUNG ZUM COVER

Emotionen beim Lesen

1.

2.

3.

Lieblingsstelle im Buch

AUF SEITE:

Notizen zum Buch

KURZE ZUSAMMENFASSUNG · CHARAKTERE · GEDANKEN & EINDRÜCKE

REZENSIERT O JA O NEIN

REZENSIERT BEI ...

O

O

O

O

SOCIAL MEDIA · BLOG · PLANUNG

Dieses Buch ist ...

- O EINE HERZENSEMPFEHLUNG
- O NICHT MEIN DING
- O INSPIRIEREND
- O MEIN ABSOLUTES LESEHIGHLIGHT
- O HOCHSPANNEND
- O EIN TOLLES GESCHENK
- O SINNLICH
- O AUTHENTISCH UND EHRLICH
- O UNTER MEINEN TOP 10 BÜCHERN
- O EIN LITERARISCHES MEISTERWERK
- O TIEF BERÜHREND
- O RÄTSELHAFT UND FESSELND
- O EINE ECHTE ACHTERBAHNFAHRT
- O EINE SPRACHLICHE MEISTERLEISTUNG
- O HUMORVOLL UND UNTERHALTSAM
- O EIN ZEITLOSES MEISTERWERK
- O
- O
- O
- O

Buch Nr.:

MEINER GELESENEN BÜCHER

LESEBEGINN

LESEENDE

ENTDECKT DURCH

Buchcover

Buchtitel

Autor*in

Das Buch

BUCHGENRE

VERÖFFENTLICHT AM

SEITENZAHL

INFO

SPRACHE, VERLAG

Bewertung

☆ ☆ ☆ ☆ ☆

MEINUNG ZUM COVER

Emotionen beim Lesen

1.

2.

3.

Lieblingsstelle im Buch

AUF SEITE:

Notizen zum Buch

KURZE ZUSAMMENFASSUNG CHARAKTERE GEDANKEN & EINDRÜCKE

REZENSIERT O JA O NEIN

REZENSIERT BEI …

O O

O O

SOCIAL MEDIA BLOG PLANUNG

Dieses Buch ist …

- O EINE HERZENSEMPFEHLUNG
- O NICHT MEIN DING
- O INSPIRIEREND
- O MEIN ABSOLUTES LESEHIGHLIGHT
- O HOCHSPANNEND
- O EIN TOLLES GESCHENK
- O SINNLICH
- O AUTHENTISCH UND EHRLICH
- O UNTER MEINEN TOP 10 BÜCHERN
- O EIN LITERARISCHES MEISTERWERK
- O TIEF BERÜHREND
- O RÄTSELHAFT UND FESSELND
- O EINE ECHTE ACHTERBAHNFAHRT
- O EINE SPRACHLICHE MEISTERLEISTUNG
- O HUMORVOLL UND UNTERHALTSAM
- O EIN ZEITLOSES MEISTERWERK
- O
- O
- O
- O

Buch Nr.:

MEINER GELESENEN BÜCHER

LESEBEGINN

LESEENDE

ENTDECKT DURCH

Buchcover

Buchtitel

Autor*in

Das Buch

BUCHGENRE

VERÖFFENTLICHT AM

SEITENZAHL

INFO

SPRACHE, VERLAG

Bewertung

☆ ☆ ☆ ☆ ☆

MEINUNG ZUM COVER

Emotionen beim Lesen

1.

2.

3.

Lieblingsstelle im Buch

AUF SEITE:

Notizen zum Buch

KURZE ZUSAMMENFASSUNG CHARAKTERE GEDANKEN & EINDRÜCKE

REZENSIERT O JA O NEIN

REZENSIERT BEI ...

O O

O O

SOCIAL MEDIA BLOG PLANUNG

Dieses Buch ist ...

- O EINE HERZENSEMPFEHLUNG
- O NICHT MEIN DING
- O INSPIRIEREND
- O MEIN ABSOLUTES LESEHIGHLIGHT
- O HOCHSPANNEND
- O EIN TOLLES GESCHENK
- O SINNLICH
- O AUTHENTISCH UND EHRLICH
- O UNTER MEINEN TOP 10 BÜCHERN
- O EIN LITERARISCHES MEISTERWERK
- O TIEF BERÜHREND
- O RÄTSELHAFT UND FESSELND
- O EINE ECHTE ACHTERBAHNFAHRT
- O EINE SPRACHLICHE MEISTERLEISTUNG
- O HUMORVOLL UND UNTERHALTSAM
- O EIN ZEITLOSES MEISTERWERK
- O
- O
- O
- O

Buch Nr.:

MEINER GELESENEN BÜCHER

LESEBEGINN

LESEENDE

ENTDECKT DURCH

Buchcover

Buchtitel

Autor*in

Das Buch

BUCHGENRE

VERÖFFENTLICHT AM

SEITENZAHL

INFO

SPRACHE, VERLAG

Bewertung

☆ ☆ ☆ ☆ ☆

MEINUNG ZUM COVER

Emotionen beim Lesen

1.

2.

3.

Lieblingsstelle im Buch

AUF SEITE:

Notizen zum Buch

KURZE ZUSAMMENFASSUNG CHARAKTERE GEDANKEN & EINDRÜCKE

REZENSIERT O JA O NEIN

REZENSIERT BEI …

O
O
O
O

SOCIAL MEDIA BLOG PLANUNG

Dieses Buch ist …

- O EINE HERZENSEMPFEHLUNG
- O NICHT MEIN DING
- O INSPIRIEREND
- O MEIN ABSOLUTES LESEHIGHLIGHT
- O HOCHSPANNEND
- O EIN TOLLES GESCHENK
- O SINNLICH
- O AUTHENTISCH UND EHRLICH
- O UNTER MEINEN TOP 10 BÜCHERN
- O EIN LITERARISCHES MEISTERWERK
- O TIEF BERÜHREND
- O RÄTSELHAFT UND FESSELND
- O EINE ECHTE ACHTERBAHNFAHRT
- O EINE SPRACHLICHE MEISTERLEISTUNG
- O HUMORVOLL UND UNTERHALTSAM
- O EIN ZEITLOSES MEISTERWERK
- O
- O
- O
- O

Buch Nr.:

MEINER GELESENEN BÜCHER

LESEBEGINN

LESEENDE

ENTDECKT DURCH

Buchcover

Buchtitel

Autor*in

Das Buch

BUCHGENRE

VERÖFFENTLICHT AM

SEITENZAHL

INFO

SPRACHE, VERLAG

Bewertung

☆ ☆ ☆ ☆ ☆

MEINUNG ZUM COVER

Emotionen beim Lesen

1.

2.

3.

Lieblingsstelle im Buch

AUF SEITE:

Notizen zum Buch

KURZE ZUSAMMENFASSUNG CHARAKTERE GEDANKEN & EINDRÜCKE

REZENSIERT O JA O NEIN

REZENSIERT BEI ...

O

O

O

O

SOCIAL MEDIA BLOG PLANUNG

Dieses Buch ist ...

- O EINE HERZENSEMPFEHLUNG
- O NICHT MEIN DING
- O INSPIRIEREND
- O MEIN ABSOLUTES LESEHIGHLIGHT
- O HOCHSPANNEND
- O EIN TOLLES GESCHENK
- O SINNLICH
- O AUTHENTISCH UND EHRLICH
- O UNTER MEINEN TOP 10 BÜCHERN
- O EIN LITERARISCHES MEISTERWERK
- O TIEF BERÜHREND
- O RÄTSELHAFT UND FESSELND
- O EINE ECHTE ACHTERBAHNFAHRT
- O EINE SPRACHLICHE MEISTERLEISTUNG
- O HUMORVOLL UND UNTERHALTSAM
- O EIN ZEITLOSES MEISTERWERK
- O
- O
- O
- O

Buch Nr.:

MEINER GELESENEN BÜCHER

LESEBEGINN

LESEENDE

ENTDECKT DURCH

Buchcover

Buchtitel

Autor*in

Das Buch

BUCHGENRE

VERÖFFENTLICHT AM

SEITENZAHL

INFO

SPRACHE, VERLAG

Bewertung

MEINUNG ZUM COVER

Emotionen beim Lesen

1.

2.

3.

Lieblingsstelle im Buch

AUF SEITE:

Notizen zum Buch

KURZE ZUSAMMENFASSUNG CHARAKTERE GEDANKEN & EINDRÜCKE

REZENSIERT O JA O NEIN

REZENSIERT BEI …

O

O

O

O

SOCIAL MEDIA BLOG PLANUNG

Dieses Buch ist …

- O EINE HERZENSEMPFEHLUNG
- O NICHT MEIN DING
- O INSPIRIEREND
- O MEIN ABSOLUTES LESEHIGHLIGHT
- O HOCHSPANNEND
- O EIN TOLLES GESCHENK
- O SINNLICH
- O AUTHENTISCH UND EHRLICH
- O UNTER MEINEN TOP 10 BÜCHERN
- O EIN LITERARISCHES MEISTERWERK
- O TIEF BERÜHREND
- O RÄTSELHAFT UND FESSELND
- O EINE ECHTE ACHTERBAHNFAHRT
- O EINE SPRACHLICHE MEISTERLEISTUNG
- O HUMORVOLL UND UNTERHALTSAM
- O EIN ZEITLOSES MEISTERWERK
- O
- O
- O
- O

Buch Nr.:

MEINER GELESENEN BÜCHER

LESEBEGINN

LESEENDE

ENTDECKT DURCH

Buchcover

Buchtitel

Autor*in

Das Buch

BUCHGENRE

VERÖFFENTLICHT AM

SEITENZAHL

INFO

SPRACHE, VERLAG

Bewertung

MEINUNG ZUM COVER

Emotionen beim Lesen

1.

2.

3.

Lieblingsstelle im Buch

AUF SEITE:

Notizen zum Buch

KURZE ZUSAMMENFASSUNG CHARAKTERE GEDANKEN & EINDRÜCKE

REZENSIERT O JA O NEIN

REZENSIERT BEI ...

O O

O O

SOCIAL MEDIA BLOG PLANUNG

Dieses Buch ist ...

- O EINE HERZENSEMPFEHLUNG
- O NICHT MEIN DING
- O INSPIRIEREND
- O MEIN ABSOLUTES LESEHIGHLIGHT
- O HOCHSPANNEND
- O EIN TOLLES GESCHENK
- O SINNLICH
- O AUTHENTISCH UND EHRLICH
- O UNTER MEINEN TOP 10 BÜCHERN
- O EIN LITERARISCHES MEISTERWERK
- O TIEF BERÜHREND
- O RÄTSELHAFT UND FESSELND
- O EINE ECHTE ACHTERBAHNFAHRT
- O EINE SPRACHLICHE MEISTERLEISTUNG
- O HUMORVOLL UND UNTERHALTSAM
- O EIN ZEITLOSES MEISTERWERK
- O
- O
- O
- O

Buch Nr.:

MEINER GELESENEN BÜCHER

LESEBEGINN

LESEENDE

ENTDECKT DURCH

Buchcover

Buchtitel

Autor*in

Das Buch

BUCHGENRE

VERÖFFENTLICHT AM

SEITENZAHL

INFO

SPRACHE, VERLAG

Bewertung

MEINUNG ZUM COVER

Emotionen beim Lesen

1.

2.

3.

Lieblingsstelle im Buch

AUF SEITE:

Notizen zum Buch

KURZE ZUSAMMENFASSUNG   CHARAKTERE   GEDANKEN & EINDRÜCKE

★ REZENSIERT   O JA   O NEIN

REZENSIERT BEI ...

O

O

O

O

★ SOCIAL MEDIA   BLOG   PLANUNG

Dieses Buch ist ...

- O EINE HERZENSEMPFEHLUNG
- O NICHT MEIN DING
- O INSPIRIEREND
- O MEIN ABSOLUTES LESEHIGHLIGHT
- O HOCHSPANNEND
- O EIN TOLLES GESCHENK
- O SINNLICH
- O AUTHENTISCH UND EHRLICH
- O UNTER MEINEN TOP 10 BÜCHERN
- O EIN LITERARISCHES MEISTERWERK
- O TIEF BERÜHREND
- O RÄTSELHAFT UND FESSELND
- O EINE ECHTE ACHTERBAHNFAHRT
- O EINE SPRACHLICHE MEISTERLEISTUNG
- O HUMORVOLL UND UNTERHALTSAM
- O EIN ZEITLOSES MEISTERWERK
- O
- O
- O
- O

Buch Nr.:

MEINER GELESENEN BÜCHER

LESEBEGINN

LESEENDE

ENTDECKT DURCH

Buchcover

Buchtitel

Autor*in

Das Buch

BUCHGENRE

VERÖFFENTLICHT AM

SEITENZAHL

INFO

SPRACHE, VERLAG

Bewertung

MEINUNG ZUM COVER

Emotionen beim Lesen

1.

2.

3.

Lieblingsstelle im Buch

AUF SEITE:

Notizen zum Buch

KURZE ZUSAMMENFASSUNG · CHARAKTERE · GEDANKEN & EINDRÜCKE

REZENSIERT O JA O NEIN

REZENSIERT BEI …

O

O

O

O

SOCIAL MEDIA · BLOG · PLANUNG

Dieses Buch ist …

- O EINE HERZENSEMPFEHLUNG
- O NICHT MEIN DING
- O INSPIRIEREND
- O MEIN ABSOLUTES LESEHIGHLIGHT
- O HOCHSPANNEND
- O EIN TOLLES GESCHENK
- O SINNLICH
- O AUTHENTISCH UND EHRLICH
- O UNTER MEINEN TOP 10 BÜCHERN
- O EIN LITERARISCHES MEISTERWERK
- O TIEF BERÜHREND
- O RÄTSELHAFT UND FESSELND
- O EINE ECHTE ACHTERBAHNFAHRT
- O EINE SPRACHLICHE MEISTERLEISTUNG
- O HUMORVOLL UND UNTERHALTSAM
- O EIN ZEITLOSES MEISTERWERK
- O
- O
- O
- O

Buch Nr.:

MEINER GELESENEN BÜCHER

LESEBEGINN

LESEENDE

ENTDECKT DURCH

Buchcover

Buchtitel

Autor*in

Das Buch

BUCHGENRE

VERÖFFENTLICHT AM

SEITENZAHL

INFO

SPRACHE, VERLAG

Bewertung

MEINUNG ZUM COVER

Emotionen beim Lesen

1.

2.

3.

Lieblingsstelle im Buch

AUF SEITE:

Notizen zum Buch

KURZE ZUSAMMENFASSUNG | CHARAKTERE | GEDANKEN & EINDRÜCKE

REZENSIERT O JA O NEIN

REZENSIERT BEI ...

O
O
O
O

SOCIAL MEDIA | BLOG | PLANUNG

Dieses Buch ist ...

- O EINE HERZENSEMPFEHLUNG
- O NICHT MEIN DING
- O INSPIRIEREND
- O MEIN ABSOLUTES LESEHIGHLIGHT
- O HOCHSPANNEND
- O EIN TOLLES GESCHENK
- O SINNLICH
- O AUTHENTISCH UND EHRLICH
- O UNTER MEINEN TOP 10 BÜCHERN
- O EIN LITERARISCHES MEISTERWERK
- O TIEF BERÜHREND
- O RÄTSELHAFT UND FESSELND
- O EINE ECHTE ACHTERBAHNFAHRT
- O EINE SPRACHLICHE MEISTERLEISTUNG
- O HUMORVOLL UND UNTERHALTSAM
- O EIN ZEITLOSES MEISTERWERK
- O
- O
- O
- O

Buch Nr.:

MEINER GELESENEN BÜCHER

LESEBEGINN

LESEENDE

ENTDECKT DURCH

Buchcover

Buchtitel

Autor*in

Das Buch

BUCHGENRE

VERÖFFENTLICHT AM

SEITENZAHL

INFO

SPRACHE, VERLAG

Bewertung

☆ ☆ ☆ ☆ ☆

MEINUNG ZUM COVER

Emotionen beim Lesen

1.

2.

3.

Lieblingsstelle im Buch

AUF SEITE:

Notizen zum Buch

KURZE ZUSAMMENFASSUNG · CHARAKTERE · GEDANKEN & EINDRÜCKE

REZENSIERT O JA O NEIN

REZENSIERT BEI ...

- O
- O
- O
- O

SOCIAL MEDIA · BLOG · PLANUNG

Dieses Buch ist ...

- O EINE HERZENSEMPFEHLUNG
- O NICHT MEIN DING
- O INSPIRIEREND
- O MEIN ABSOLUTES LESEHIGHLIGHT
- O HOCHSPANNEND
- O EIN TOLLES GESCHENK
- O SINNLICH
- O AUTHENTISCH UND EHRLICH
- O UNTER MEINEN TOP 10 BÜCHERN
- O EIN LITERARISCHES MEISTERWERK
- O TIEF BERÜHREND
- O RÄTSELHAFT UND FESSELND
- O EINE ECHTE ACHTERBAHNFAHRT
- O EINE SPRACHLICHE MEISTERLEISTUNG
- O HUMORVOLL UND UNTERHALTSAM
- O EIN ZEITLOSES MEISTERWERK
- O
- O
- O
- O

Buch Nr.:

MEINER GELESENEN BÜCHER

LESEBEGINN

LESEENDE

ENTDECKT DURCH

Buchcover

Buchtitel

Autor*in

Das Buch

BUCHGENRE

VERÖFFENTLICHT AM

SEITENZAHL

INFO

SPRACHE, VERLAG

Bewertung

☆ ☆ ☆ ☆ ☆

MEINUNG ZUM COVER

Emotionen beim Lesen

1.

2.

3.

Lieblingsstelle im Buch

AUF SEITE:

Notizen zum Buch

KURZE ZUSAMMENFASSUNG CHARAKTERE GEDANKEN & EINDRÜCKE

★ REZENSIERT O JA O NEIN

REZENSIERT BEI ...

O
O
O
O

★ SOCIAL MEDIA BLOG PLANUNG

Dieses Buch ist ...

- O EINE HERZENSEMPFEHLUNG
- O NICHT MEIN DING
- O INSPIRIEREND
- O MEIN ABSOLUTES LESEHIGHLIGHT
- O HOCHSPANNEND
- O EIN TOLLES GESCHENK
- O SINNLICH
- O AUTHENTISCH UND EHRLICH
- O UNTER MEINEN TOP 10 BÜCHERN
- O EIN LITERARISCHES MEISTERWERK
- O TIEF BERÜHREND
- O RÄTSELHAFT UND FESSELND
- O EINE ECHTE ACHTERBAHNFAHRT
- O EINE SPRACHLICHE MEISTERLEISTUNG
- O HUMORVOLL UND UNTERHALTSAM
- O EIN ZEITLOSES MEISTERWERK
- O
- O
- O
- O

Buch Nr.:

MEINER GELESENEN BÜCHER

LESEBEGINN

LESEENDE

ENTDECKT DURCH

Buchcover

Buchtitel

Autor*in

Das Buch

BUCHGENRE

VERÖFFENTLICHT AM

SEITENZAHL

INFO

SPRACHE, VERLAG

Bewertung

MEINUNG ZUM COVER

Emotionen beim Lesen

1.

2.

3.

Lieblingsstelle im Buch

AUF SEITE:

Notizen zum Buch

KURZE ZUSAMMENFASSUNG CHARAKTERE GEDANKEN & EINDRÜCKE

REZENSIERT O JA O NEIN

REZENSIERT BEI ...

O

O

O

O

SOCIAL MEDIA BLOG PLANUNG

Dieses Buch ist ...

- O EINE HERZENSEMPFEHLUNG
- O NICHT MEIN DING
- O INSPIRIEREND
- O MEIN ABSOLUTES LESEHIGHLIGHT
- O HOCHSPANNEND
- O EIN TOLLES GESCHENK
- O SINNLICH
- O AUTHENTISCH UND EHRLICH
- O UNTER MEINEN TOP 10 BÜCHERN
- O EIN LITERARISCHES MEISTERWERK
- O TIEF BERÜHREND
- O RÄTSELHAFT UND FESSELND
- O EINE ECHTE ACHTERBAHNFAHRT
- O EINE SPRACHLICHE MEISTERLEISTUNG
- O HUMORVOLL UND UNTERHALTSAM
- O EIN ZEITLOSES MEISTERWERK
- O
- O
- O
- O

Buch Nr.:

MEINER GELESENEN BÜCHER

LESEBEGINN

LESEENDE

ENTDECKT DURCH

Buchcover

Buchtitel

Autor*in

Das Buch

BUCHGENRE

VERÖFFENTLICHT AM

SEITENZAHL

INFO

SPRACHE, VERLAG

Bewertung

MEINUNG ZUM COVER

Emotionen beim Lesen

1.

2.

3.

Lieblingsstelle im Buch

AUF SEITE:

Notizen zum Buch

KURZE ZUSAMMENFASSUNG · CHARAKTERE · GEDANKEN & EINDRÜCKE

REZENSIERT O JA O NEIN

REZENSIERT BEI …

O

O

O

O

SOCIAL MEDIA · BLOG · PLANUNG

Dieses Buch ist …

- O EINE HERZENSEMPFEHLUNG
- O NICHT MEIN DING
- O INSPIRIEREND
- O MEIN ABSOLUTES LESEHIGHLIGHT
- O HOCHSPANNEND
- O EIN TOLLES GESCHENK
- O SINNLICH
- O AUTHENTISCH UND EHRLICH
- O UNTER MEINEN TOP 10 BÜCHERN
- O EIN LITERARISCHES MEISTERWERK
- O TIEF BERÜHREND
- O RÄTSELHAFT UND FESSELND
- O EINE ECHTE ACHTERBAHNFAHRT
- O EINE SPRACHLICHE MEISTERLEISTUNG
- O HUMORVOLL UND UNTERHALTSAM
- O EIN ZEITLOSES MEISTERWERK
- O
- O
- O
- O

Buch Nr.:

MEINER GELESENEN BÜCHER

LESEBEGINN

LESEENDE

ENTDECKT DURCH

Buchcover

Buchtitel

Autor*in

Das Buch

BUCHGENRE

VERÖFFENTLICHT AM

SEITENZAHL

INFO

SPRACHE, VERLAG

Bewertung

☆ ☆ ☆ ☆ ☆

MEINUNG ZUM COVER

Emotionen beim Lesen

1.

2.

3.

Lieblingsstelle im Buch

AUF SEITE:

Notizen zum Buch

KURZE ZUSAMMENFASSUNG · CHARAKTERE · GEDANKEN & EINDRÜCKE

REZENSIERT O JA O NEIN

REZENSIERT BEI ...

- O
- O
- O
- O

SOCIAL MEDIA · BLOG · PLANUNG

Dieses Buch ist ...

- O EINE HERZENSEMPFEHLUNG
- O NICHT MEIN DING
- O INSPIRIEREND
- O MEIN ABSOLUTES LESEHIGHLIGHT
- O HOCHSPANNEND
- O EIN TOLLES GESCHENK
- O SINNLICH
- O AUTHENTISCH UND EHRLICH
- O UNTER MEINEN TOP 10 BÜCHERN
- O EIN LITERARISCHES MEISTERWERK
- O TIEF BERÜHREND
- O RÄTSELHAFT UND FESSELND
- O EINE ECHTE ACHTERBAHNFAHRT
- O EINE SPRACHLICHE MEISTERLEISTUNG
- O HUMORVOLL UND UNTERHALTSAM
- O EIN ZEITLOSES MEISTERWERK
- O
- O
- O
- O

Buch Nr.:

MEINER GELESENEN BÜCHER

LESEBEGINN

LESEENDE

ENTDECKT DURCH

Buchcover

Buchtitel

Autor*in

Das Buch

BUCHGENRE

VERÖFFENTLICHT AM

SEITENZAHL

INFO

SPRACHE, VERLAG

Bewertung

☆ ☆ ☆ ☆ ☆

MEINUNG ZUM COVER

Emotionen beim Lesen

1.

2.

3.

Lieblingsstelle im Buch

AUF SEITE:

Notizen zum Buch

KURZE ZUSAMMENFASSUNG · CHARAKTERE · GEDANKEN & EINDRÜCKE

REZENSIERT O JA O NEIN

REZENSIERT BEI ...

O

O

O

O

SOCIAL MEDIA · BLOG · PLANUNG

Dieses Buch ist ...

- O EINE HERZENSEMPFEHLUNG
- O NICHT MEIN DING
- O INSPIRIEREND
- O MEIN ABSOLUTES LESEHIGHLIGHT
- O HOCHSPANNEND
- O EIN TOLLES GESCHENK
- O SINNLICH
- O AUTHENTISCH UND EHRLICH
- O UNTER MEINEN TOP 10 BÜCHERN
- O EIN LITERARISCHES MEISTERWERK
- O TIEF BERÜHREND
- O RÄTSELHAFT UND FESSELND
- O EINE ECHTE ACHTERBAHNFAHRT
- O EINE SPRACHLICHE MEISTERLEISTUNG
- O HUMORVOLL UND UNTERHALTSAM
- O EIN ZEITLOSES MEISTERWERK
- O
- O
- O
- O

Buch Nr.:

MEINER GELESENEN BÜCHER

LESEBEGINN

LESEENDE

ENTDECKT DURCH

Buchcover

Buchtitel

Autor*in

Das Buch

BUCHGENRE

VERÖFFENTLICHT AM

SEITENZAHL

INFO

SPRACHE, VERLAG

Bewertung

☆ ☆ ☆ ☆ ☆

MEINUNG ZUM COVER

Emotionen beim Lesen

1.

2.

3.

Lieblingsstelle im Buch

AUF SEITE:

Notizen zum Buch

KURZE ZUSAMMENFASSUNG CHARAKTERE GEDANKEN & EINDRÜCKE

REZENSIERT O JA O NEIN

SOCIAL MEDIA BLOG PLANUNG

REZENSIERT BEI ...

O

O

O

O

Dieses Buch ist ...

- O EINE HERZENSEMPFEHLUNG
- O NICHT MEIN DING
- O INSPIRIEREND
- O MEIN ABSOLUTES LESEHIGHLIGHT
- O HOCHSPANNEND
- O EIN TOLLES GESCHENK
- O SINNLICH
- O AUTHENTISCH UND EHRLICH
- O UNTER MEINEN TOP 10 BÜCHERN
- O EIN LITERARISCHES MEISTERWERK
- O TIEF BERÜHREND
- O RÄTSELHAFT UND FESSELND
- O EINE ECHTE ACHTERBAHNFAHRT
- O EINE SPRACHLICHE MEISTERLEISTUNG
- O HUMORVOLL UND UNTERHALTSAM
- O EIN ZEITLOSES MEISTERWERK
- O
- O
- O
- O

Buch Nr.:

MEINER GELESENEN BÜCHER

LESEBEGINN

LESEENDE

ENTDECKT DURCH

Buchcover

Buchtitel

Autor*in

Das Buch

BUCHGENRE

VERÖFFENTLICHT AM

SEITENZAHL

INFO

SPRACHE, VERLAG

Bewertung

☆ ☆ ☆ ☆ ☆

★ MEINUNG ZUM COVER

Emotionen beim Lesen

1.

2.

3.

Lieblingsstelle im Buch

AUF SEITE:

Notizen zum Buch

KURZE ZUSAMMENFASSUNG   CHARAKTERE   GEDANKEN & EINDRÜCKE

REZENSIERT   O JA   O NEIN

REZENSIERT BEI ...

O
O
O
O

SOCIAL MEDIA   BLOG   PLANUNG

Dieses Buch ist ...

- O EINE HERZENSEMPFEHLUNG
- O NICHT MEIN DING
- O INSPIRIEREND
- O MEIN ABSOLUTES LESEHIGHLIGHT
- O HOCHSPANNEND
- O EIN TOLLES GESCHENK
- O SINNLICH
- O AUTHENTISCH UND EHRLICH
- O UNTER MEINEN TOP 10 BÜCHERN
- O EIN LITERARISCHES MEISTERWERK
- O TIEF BERÜHREND
- O RÄTSELHAFT UND FESSELND
- O EINE ECHTE ACHTERBAHNFAHRT
- O EINE SPRACHLICHE MEISTERLEISTUNG
- O HUMORVOLL UND UNTERHALTSAM
- O EIN ZEITLOSES MEISTERWERK
- O
- O
- O
- O

Buch Nr.:

MEINER GELESENEN BÜCHER

LESEBEGINN

LESEENDE

ENTDECKT DURCH

Buchcover

Buchtitel

Autor*in

Das Buch

BUCHGENRE

VERÖFFENTLICHT AM

SEITENZAHL

INFO

SPRACHE, VERLAG

Bewertung

☆ ☆ ☆ ☆ ☆

MEINUNG ZUM COVER

Emotionen beim Lesen

1.

2.

3.

Lieblingsstelle im Buch

AUF SEITE:

Notizen zum Buch

KURZE ZUSAMMENFASSUNG CHARAKTERE GEDANKEN & EINDRÜCKE

REZENSIERT O JA O NEIN

REZENSIERT BEI ...

O

O

O

O

SOCIAL MEDIA BLOG PLANUNG

Dieses Buch ist ...

- O EINE HERZENSEMPFEHLUNG
- O NICHT MEIN DING
- O INSPIRIEREND
- O MEIN ABSOLUTES LESEHIGHLIGHT
- O HOCHSPANNEND
- O EIN TOLLES GESCHENK
- O SINNLICH
- O AUTHENTISCH UND EHRLICH
- O UNTER MEINEN TOP 10 BÜCHERN
- O EIN LITERARISCHES MEISTERWERK
- O TIEF BERÜHREND
- O RÄTSELHAFT UND FESSELND
- O EINE ECHTE ACHTERBAHNFAHRT
- O EINE SPRACHLICHE MEISTERLEISTUNG
- O HUMORVOLL UND UNTERHALTSAM
- O EIN ZEITLOSES MEISTERWERK
- O
- O
- O
- O

Buch Nr.:

MEINER GELESENEN BÜCHER

LESEBEGINN

LESEENDE

ENTDECKT DURCH

Buchcover

Buchtitel

Autor*in

Das Buch

BUCHGENRE

VERÖFFENTLICHT AM

SEITENZAHL

INFO

SPRACHE, VERLAG

Bewertung

MEINUNG ZUM COVER

Emotionen beim Lesen

1.

2.

3.

Lieblingsstelle im Buch

AUF SEITE:

Notizen zum Buch

KURZE ZUSAMMENFASSUNG CHARAKTERE GEDANKEN & EINDRÜCKE

REZENSIERT O JA O NEIN

REZENSIERT BEI …

O

O

O

O

SOCIAL MEDIA BLOG PLANUNG

Dieses Buch ist …

- O EINE HERZENSEMPFEHLUNG
- O NICHT MEIN DING
- O INSPIRIEREND
- O MEIN ABSOLUTES LESEHIGHLIGHT
- O HOCHSPANNEND
- O EIN TOLLES GESCHENK
- O SINNLICH
- O AUTHENTISCH UND EHRLICH
- O UNTER MEINEN TOP 10 BÜCHERN
- O EIN LITERARISCHES MEISTERWERK
- O TIEF BERÜHREND
- O RÄTSELHAFT UND FESSELND
- O EINE ECHTE ACHTERBAHNFAHRT
- O EINE SPRACHLICHE MEISTERLEISTUNG
- O HUMORVOLL UND UNTERHALTSAM
- O EIN ZEITLOSES MEISTERWERK
- O
- O
- O
- O

Buch Nr.:

MEINER GELESENEN BÜCHER

LESEBEGINN

LESEENDE

ENTDECKT DURCH

Buchcover

Buchtitel

Autor*in

Das Buch

BUCHGENRE

VERÖFFENTLICHT AM

SEITENZAHL

INFO

SPRACHE, VERLAG

Bewertung

MEINUNG ZUM COVER

Emotionen beim Lesen

1.

2.

3.

Lieblingsstelle im Buch

AUF SEITE:

Notizen zum Buch

KURZE ZUSAMMENFASSUNG CHARAKTERE GEDANKEN & EINDRÜCKE

REZENSIERT O JA O NEIN

REZENSIERT BEI ...

O
O
O
O

SOCIAL MEDIA BLOG PLANUNG

Dieses Buch ist ...

- O EINE HERZENSEMPFEHLUNG
- O NICHT MEIN DING
- O INSPIRIEREND
- O MEIN ABSOLUTES LESEHIGHLIGHT
- O HOCHSPANNEND
- O EIN TOLLES GESCHENK
- O SINNLICH
- O AUTHENTISCH UND EHRLICH
- O UNTER MEINEN TOP 10 BÜCHERN
- O EIN LITERARISCHES MEISTERWERK
- O TIEF BERÜHREND
- O RÄTSELHAFT UND FESSELND
- O EINE ECHTE ACHTERBAHNFAHRT
- O EINE SPRACHLICHE MEISTERLEISTUNG
- O HUMORVOLL UND UNTERHALTSAM
- O EIN ZEITLOSES MEISTERWERK
- O
- O
- O
- O

Buch Nr.:

MEINER GELESENEN BÜCHER

LESEBEGINN

LESEENDE

ENTDECKT DURCH

Buchcover

Buchtitel

Autor*in

Das Buch

BUCHGENRE

VERÖFFENTLICHT AM

SEITENZAHL

INFO

SPRACHE, VERLAG

Bewertung

☆ ☆ ☆ ☆ ☆

MEINUNG ZUM COVER

Emotionen beim Lesen

1.

2.

3.

Lieblingsstelle im Buch

AUF SEITE:

Notizen zum Buch

KURZE ZUSAMMENFASSUNG   CHARAKTERE   GEDANKEN & EINDRÜCKE

REZENSIERT   O JA   O NEIN

REZENSIERT BEI ...

O .... O ....

O .... O ....

SOCIAL MEDIA   BLOG   PLANUNG

Dieses Buch ist ...

- O EINE HERZENSEMPFEHLUNG
- O NICHT MEIN DING
- O INSPIRIEREND
- O MEIN ABSOLUTES LESEHIGHLIGHT
- O HOCHSPANNEND
- O EIN TOLLES GESCHENK
- O SINNLICH
- O AUTHENTISCH UND EHRLICH
- O UNTER MEINEN TOP 10 BÜCHERN
- O EIN LITERARISCHES MEISTERWERK
- O TIEF BERÜHREND
- O RÄTSELHAFT UND FESSELND
- O EINE ECHTE ACHTERBAHNFAHRT
- O EINE SPRACHLICHE MEISTERLEISTUNG
- O HUMORVOLL UND UNTERHALTSAM
- O EIN ZEITLOSES MEISTERWERK
- O ....
- O ....
- O ....
- O ....

Buch Nr.:

MEINER GELESENEN BÜCHER

LESEBEGINN

LESEENDE

ENTDECKT DURCH

Buchcover

Buchtitel

Autor*in

Das Buch

BUCHGENRE

VERÖFFENTLICHT AM

SEITENZAHL

INFO

SPRACHE, VERLAG

Bewertung

☆ ☆ ☆ ☆ ☆

MEINUNG ZUM COVER

Emotionen beim Lesen

1.

2.

3.

Lieblingsstelle im Buch

AUF SEITE:

Notizen zum Buch

KURZE ZUSAMMENFASSUNG · CHARAKTERE · GEDANKEN & EINDRÜCKE

REZENSIERT O JA O NEIN

REZENSIERT BEI ...

O

O

O

O

SOCIAL MEDIA · BLOG · PLANUNG

Dieses Buch ist ...

- O EINE HERZENSEMPFEHLUNG
- O NICHT MEIN DING
- O INSPIRIEREND
- O MEIN ABSOLUTES LESEHIGHLIGHT
- O HOCHSPANNEND
- O EIN TOLLES GESCHENK
- O SINNLICH
- O AUTHENTISCH UND EHRLICH
- O UNTER MEINEN TOP 10 BÜCHERN
- O EIN LITERARISCHES MEISTERWERK
- O TIEF BERÜHREND
- O RÄTSELHAFT UND FESSELND
- O EINE ECHTE ACHTERBAHNFAHRT
- O EINE SPRACHLICHE MEISTERLEISTUNG
- O HUMORVOLL UND UNTERHALTSAM
- O EIN ZEITLOSES MEISTERWERK
- O
- O
- O
- O

Buch Nr.:

MEINER GELESENEN BÜCHER

LESEBEGINN

LESEENDE

ENTDECKT DURCH

Buchcover

Buchtitel

Autor*in

Das Buch

BUCHGENRE

VERÖFFENTLICHT AM

SEITENZAHL

INFO

SPRACHE, VERLAG

Bewertung

☆ ☆ ☆ ☆ ☆

MEINUNG ZUM COVER

Emotionen beim Lesen

1.

2.

3.

Lieblingsstelle im Buch

AUF SEITE:

Notizen zum Buch

KURZE ZUSAMMENFASSUNG   CHARAKTERE   GEDANKEN & EINDRÜCKE

REZENSIERT O JA O NEIN

REZENSIERT BEI ...

O .... O ....
O .... O ....

SOCIAL MEDIA   BLOG   PLANUNG

Dieses Buch ist ...

- O EINE HERZENSEMPFEHLUNG
- O NICHT MEIN DING
- O INSPIRIEREND
- O MEIN ABSOLUTES LESEHIGHLIGHT
- O HOCHSPANNEND
- O EIN TOLLES GESCHENK
- O SINNLICH
- O AUTHENTISCH UND EHRLICH
- O UNTER MEINEN TOP 10 BÜCHERN
- O EIN LITERARISCHES MEISTERWERK
- O TIEF BERÜHREND
- O RÄTSELHAFT UND FESSELND
- O EINE ECHTE ACHTERBAHNFAHRT
- O EINE SPRACHLICHE MEISTERLEISTUNG
- O HUMORVOLL UND UNTERHALTSAM
- O EIN ZEITLOSES MEISTERWERK
- O ....
- O ....
- O ....
- O ....

Buch Nr.:

MEINER GELESENEN BÜCHER

LESEBEGINN

LESEENDE

ENTDECKT DURCH

Buchcover

Buchtitel

Autor*in

Das Buch

BUCHGENRE

VERÖFFENTLICHT AM

SEITENZAHL

INFO

SPRACHE, VERLAG

Bewertung

MEINUNG ZUM COVER

Emotionen beim Lesen

1.

2.

3.

Lieblingsstelle im Buch

AUF SEITE:

Notizen zum Buch

KURZE ZUSAMMENFASSUNG CHARAKTERE GEDANKEN & EINDRÜCKE

REZENSIERT O JA O NEIN

REZENSIERT BEI ...

O

O

O

O

SOCIAL MEDIA BLOG PLANUNG

Dieses Buch ist ...

O EINE HERZENSEMPFEHLUNG
O NICHT MEIN DING
O INSPIRIEREND
O MEIN ABSOLUTES LESEHIGHLIGHT
O HOCHSPANNEND
O EIN TOLLES GESCHENK
O SINNLICH
O AUTHENTISCH UND EHRLICH

O UNTER MEINEN TOP 10 BÜCHERN
O EIN LITERARISCHES MEISTERWERK
O TIEF BERÜHREND
O RÄTSELHAFT UND FESSELND
O EINE ECHTE ACHTERBAHNFAHRT
O EINE SPRACHLICHE MEISTERLEISTUNG
O HUMORVOLL UND UNTERHALTSAM
O EIN ZEITLOSES MEISTERWERK

O

O

O

O

Buch Nr.:

MEINER GELESENEN BÜCHER

LESEBEGINN

LESEENDE

ENTDECKT DURCH

Buchcover

Buchtitel

Autor*in

Das Buch

BUCHGENRE

VERÖFFENTLICHT AM

SEITENZAHL

INFO

SPRACHE, VERLAG

Bewertung

☆ ☆ ☆ ☆ ☆

MEINUNG ZUM COVER

Emotionen beim Lesen

1.

2.

3.

Lieblingsstelle im Buch

AUF SEITE:

Notizen zum Buch

KURZE ZUSAMMENFASSUNG CHARAKTERE GEDANKEN & EINDRÜCKE

REZENSIERT O JA O NEIN

REZENSIERT BEI ...

O

O

O

O

SOCIAL MEDIA BLOG PLANUNG

Dieses Buch ist ...

- O EINE HERZENSEMPFEHLUNG
- O NICHT MEIN DING
- O INSPIRIEREND
- O MEIN ABSOLUTES LESEHIGHLIGHT
- O HOCHSPANNEND
- O EIN TOLLES GESCHENK
- O SINNLICH
- O AUTHENTISCH UND EHRLICH
- O UNTER MEINEN TOP 10 BÜCHERN
- O EIN LITERARISCHES MEISTERWERK
- O TIEF BERÜHREND
- O RÄTSELHAFT UND FESSELND
- O EINE ECHTE ACHTERBAHNFAHRT
- O EINE SPRACHLICHE MEISTERLEISTUNG
- O HUMORVOLL UND UNTERHALTSAM
- O EIN ZEITLOSES MEISTERWERK
- O
- O
- O
- O

Buch Nr.:

MEINER GELESENEN BÜCHER

LESEBEGINN

LESEENDE

ENTDECKT DURCH

Buchcover

Buchtitel

Autor*in

Das Buch

BUCHGENRE

VERÖFFENTLICHT AM

SEITENZAHL

INFO

SPRACHE, VERLAG

Bewertung

☆ ☆ ☆ ☆ ☆

MEINUNG ZUM COVER

Emotionen beim Lesen

1.

2.

3.

Lieblingsstelle im Buch

AUF SEITE:

Notizen zum Buch

KURZE ZUSAMMENFASSUNG   CHARAKTERE   GEDANKEN & EINDRÜCKE

REZENSIERT   O JA   O NEIN

REZENSIERT BEI ...

O
O
O
O

SOCIAL MEDIA   BLOG   PLANUNG

Dieses Buch ist ...

- O EINE HERZENSEMPFEHLUNG
- O NICHT MEIN DING
- O INSPIRIEREND
- O MEIN ABSOLUTES LESEHIGHLIGHT
- O HOCHSPANNEND
- O EIN TOLLES GESCHENK
- O SINNLICH
- O AUTHENTISCH UND EHRLICH
- O UNTER MEINEN TOP 10 BÜCHERN
- O EIN LITERARISCHES MEISTERWERK
- O TIEF BERÜHREND
- O RÄTSELHAFT UND FESSELND
- O EINE ECHTE ACHTERBAHNFAHRT
- O EINE SPRACHLICHE MEISTERLEISTUNG
- O HUMORVOLL UND UNTERHALTSAM
- O EIN ZEITLOSES MEISTERWERK
- O
- O
- O
- O

Buch Nr.:

MEINER GELESENEN BÜCHER

LESEBEGINN

LESEENDE

ENTDECKT DURCH

Buchcover

Buchtitel

Autor*in

Das Buch

BUCHGENRE

VERÖFFENTLICHT AM

SEITENZAHL

INFO

SPRACHE, VERLAG

Bewertung

☆ ☆ ☆ ☆ ☆

MEINUNG ZUM COVER

Emotionen beim Lesen

1.

2.

3.

Lieblingsstelle im Buch

AUF SEITE:

Notizen zum Buch

KURZE ZUSAMMENFASSUNG CHARAKTERE GEDANKEN & EINDRÜCKE

REZENSIERT O JA O NEIN

REZENSIERT BEI …

O O

O O

SOCIAL MEDIA BLOG PLANUNG

Dieses Buch ist …

- O EINE HERZENSEMPFEHLUNG
- O NICHT MEIN DING
- O INSPIRIEREND
- O MEIN ABSOLUTES LESEHIGHLIGHT
- O HOCHSPANNEND
- O EIN TOLLES GESCHENK
- O SINNLICH
- O AUTHENTISCH UND EHRLICH
- O UNTER MEINEN TOP 10 BÜCHERN
- O EIN LITERARISCHES MEISTERWERK
- O TIEF BERÜHREND
- O RÄTSELHAFT UND FESSELND
- O EINE ECHTE ACHTERBAHNFAHRT
- O EINE SPRACHLICHE MEISTERLEISTUNG
- O HUMORVOLL UND UNTERHALTSAM
- O EIN ZEITLOSES MEISTERWERK
- O
- O
- O
- O

Buch Nr.:

MEINER GELESENEN BÜCHER

LESEBEGINN

LESEENDE

ENTDECKT DURCH

Buchcover

Buchtitel

Autor*in

Das Buch

BUCHGENRE

VERÖFFENTLICHT AM

SEITENZAHL

INFO

SPRACHE, VERLAG

Bewertung

☆ ☆ ☆ ☆ ☆

MEINUNG ZUM COVER

Emotionen beim Lesen

1.

2.

3.

Lieblingsstelle im Buch

AUF SEITE:

Notizen zum Buch

KURZE ZUSAMMENFASSUNG · CHARAKTERE · GEDANKEN & EINDRÜCKE

REZENSIERT O JA O NEIN

REZENSIERT BEI ...

O ……
O ……
O ……
O ……

SOCIAL MEDIA · BLOG · PLANUNG

Dieses Buch ist ...

- O EINE HERZENSEMPFEHLUNG
- O NICHT MEIN DING
- O INSPIRIEREND
- O MEIN ABSOLUTES LESEHIGHLIGHT
- O HOCHSPANNEND
- O EIN TOLLES GESCHENK
- O SINNLICH
- O AUTHENTISCH UND EHRLICH
- O UNTER MEINEN TOP 10 BÜCHERN
- O EIN LITERARISCHES MEISTERWERK
- O TIEF BERÜHREND
- O RÄTSELHAFT UND FESSELND
- O EINE ECHTE ACHTERBAHNFAHRT
- O EINE SPRACHLICHE MEISTERLEISTUNG
- O HUMORVOLL UND UNTERHALTSAM
- O EIN ZEITLOSES MEISTERWERK
- O ……
- O ……
- O ……
- O ……

Buch Nr.:

MEINER GELESENEN BÜCHER

LESEBEGINN

LESEENDE

ENTDECKT DURCH

Buchcover

Buchtitel

Autor*in

Das Buch

BUCHGENRE

VERÖFFENTLICHT AM

SEITENZAHL

INFO

SPRACHE, VERLAG

Bewertung

☆ ☆ ☆ ☆ ☆

MEINUNG ZUM COVER

Emotionen beim Lesen

1.

2.

3.

Lieblingsstelle im Buch

AUF SEITE:

Notizen zum Buch

KURZE ZUSAMMENFASSUNG · CHARAKTERE · GEDANKEN & EINDRÜCKE

REZENSIERT O JA O NEIN

REZENSIERT BEI ...

O

O

O

O

SOCIAL MEDIA · BLOG · PLANUNG

Dieses Buch ist ...

- O EINE HERZENSEMPFEHLUNG
- O NICHT MEIN DING
- O INSPIRIEREND
- O MEIN ABSOLUTES LESEHIGHLIGHT
- O HOCHSPANNEND
- O EIN TOLLES GESCHENK
- O SINNLICH
- O AUTHENTISCH UND EHRLICH
- O UNTER MEINEN TOP 10 BÜCHERN
- O EIN LITERARISCHES MEISTERWERK
- O TIEF BERÜHREND
- O RÄTSELHAFT UND FESSELND
- O EINE ECHTE ACHTERBAHNFAHRT
- O EINE SPRACHLICHE MEISTERLEISTUNG
- O HUMORVOLL UND UNTERHALTSAM
- O EIN ZEITLOSES MEISTERWERK
- O
- O
- O
- O

Buch Nr.:

MEINER GELESENEN BÜCHER

LESEBEGINN

LESEENDE

ENTDECKT DURCH

Buchcover

Buchtitel

Autor*in

Das Buch

BUCHGENRE

VERÖFFENTLICHT AM

SEITENZAHL

INFO

SPRACHE, VERLAG

Bewertung

☆ ☆ ☆ ☆ ☆

MEINUNG ZUM COVER

Emotionen beim Lesen

1.

2.

3.

Lieblingsstelle im Buch

AUF SEITE:

Notizen zum Buch

KURZE ZUSAMMENFASSUNG · CHARAKTERE · GEDANKEN & EINDRÜCKE

REZENSIERT O JA O NEIN

REZENSIERT BEI ...

O

O

O

O

SOCIAL MEDIA · BLOG · PLANUNG

Dieses Buch ist ...

- O EINE HERZENSEMPFEHLUNG
- O NICHT MEIN DING
- O INSPIRIEREND
- O MEIN ABSOLUTES LESEHIGHLIGHT
- O HOCHSPANNEND
- O EIN TOLLES GESCHENK
- O SINNLICH
- O AUTHENTISCH UND EHRLICH
- O UNTER MEINEN TOP 10 BÜCHERN
- O EIN LITERARISCHES MEISTERWERK
- O TIEF BERÜHREND
- O RÄTSELHAFT UND FESSELND
- O EINE ECHTE ACHTERBAHNFAHRT
- O EINE SPRACHLICHE MEISTERLEISTUNG
- O HUMORVOLL UND UNTERHALTSAM
- O EIN ZEITLOSES MEISTERWERK
- O
- O
- O
- O

Buch Nr.:

MEINER GELESENEN BÜCHER

LESEBEGINN

LESEENDE

ENTDECKT DURCH

Buchcover

Buchtitel

Autor*in

Das Buch

BUCHGENRE

VERÖFFENTLICHT AM

SEITENZAHL

INFO

SPRACHE, VERLAG

Bewertung

☆☆☆☆☆

MEINUNG ZUM COVER

Emotionen beim Lesen

1.

2.

3.

Lieblingsstelle im Buch

AUF SEITE:

Notizen zum Buch

KURZE ZUSAMMENFASSUNG · CHARAKTERE · GEDANKEN & EINDRÜCKE

REZENSIERT O JA O NEIN

REZENSIERT BEI ...

O

O

O

O

SOCIAL MEDIA · BLOG · PLANUNG

Dieses Buch ist ...

- O EINE HERZENSEMPFEHLUNG
- O NICHT MEIN DING
- O INSPIRIEREND
- O MEIN ABSOLUTES LESEHIGHLIGHT
- O HOCHSPANNEND
- O EIN TOLLES GESCHENK
- O SINNLICH
- O AUTHENTISCH UND EHRLICH
- O UNTER MEINEN TOP 10 BÜCHERN
- O EIN LITERARISCHES MEISTERWERK
- O TIEF BERÜHREND
- O RÄTSELHAFT UND FESSELND
- O EINE ECHTE ACHTERBAHNFAHRT
- O EINE SPRACHLICHE MEISTERLEISTUNG
- O HUMORVOLL UND UNTERHALTSAM
- O EIN ZEITLOSES MEISTERWERK
- O
- O
- O
- O

Buch Nr.:

MEINER GELESENEN BÜCHER

LESEBEGINN

LESEENDE

ENTDECKT DURCH

Buchcover

Buchtitel

Autor*in

Das Buch

BUCHGENRE

VERÖFFENTLICHT AM

SEITENZAHL

INFO

SPRACHE, VERLAG

Bewertung

☆ ☆ ☆ ☆ ☆

MEINUNG ZUM COVER

Emotionen beim Lesen

1.

2.

3.

Lieblingsstelle im Buch

AUF SEITE:

Notizen zum Buch

KURZE ZUSAMMENFASSUNG CHARAKTERE GEDANKEN & EINDRÜCKE

REZENSIERT O JA O NEIN

REZENSIERT BEI ...

O

O

O

O

SOCIAL MEDIA BLOG PLANUNG

Dieses Buch ist ...

- O EINE HERZENSEMPFEHLUNG
- O NICHT MEIN DING
- O INSPIRIEREND
- O MEIN ABSOLUTES LESEHIGHLIGHT
- O HOCHSPANNEND
- O EIN TOLLES GESCHENK
- O SINNLICH
- O AUTHENTISCH UND EHRLICH
- O UNTER MEINEN TOP 10 BÜCHERN
- O EIN LITERARISCHES MEISTERWERK
- O TIEF BERÜHREND
- O RÄTSELHAFT UND FESSELND
- O EINE ECHTE ACHTERBAHNFAHRT
- O EINE SPRACHLICHE MEISTERLEISTUNG
- O HUMORVOLL UND UNTERHALTSAM
- O EIN ZEITLOSES MEISTERWERK
- O
- O
- O
- O

Buch Nr.:

MEINER GELESENEN BÜCHER

LESEBEGINN

LESEENDE

ENTDECKT DURCH

Buchcover

Buchtitel

Autor*in

Das Buch

BUCHGENRE

VERÖFFENTLICHT AM

SEITENZAHL

INFO

SPRACHE, VERLAG

Bewertung

☆ ☆ ☆ ☆ ☆

MEINUNG ZUM COVER

Emotionen beim Lesen

1.

2.

3.

Lieblingsstelle im Buch

AUF SEITE:

Notizen zum Buch

KURZE ZUSAMMENFASSUNG · CHARAKTERE · GEDANKEN & EINDRÜCKE

REZENSIERT O JA O NEIN

REZENSIERT BEI ...

- O
- O
- O
- O

SOCIAL MEDIA · BLOG · PLANUNG

Dieses Buch ist ...

- O EINE HERZENSEMPFEHLUNG
- O NICHT MEIN DING
- O INSPIRIEREND
- O MEIN ABSOLUTES LESEHIGHLIGHT
- O HOCHSPANNEND
- O EIN TOLLES GESCHENK
- O SINNLICH
- O AUTHENTISCH UND EHRLICH
- O UNTER MEINEN TOP 10 BÜCHERN
- O EIN LITERARISCHES MEISTERWERK
- O TIEF BERÜHREND
- O RÄTSELHAFT UND FESSELND
- O EINE ECHTE ACHTERBAHNFAHRT
- O EINE SPRACHLICHE MEISTERLEISTUNG
- O HUMORVOLL UND UNTERHALTSAM
- O EIN ZEITLOSES MEISTERWERK
- O
- O
- O
- O

Buch Nr.:

MEINER GELESENEN BÜCHER

LESEBEGINN

LESEENDE

ENTDECKT DURCH

Buchcover

Buchtitel

Autor*in

Das Buch

BUCHGENRE

VERÖFFENTLICHT AM

SEITENZAHL

INFO

SPRACHE, VERLAG

Bewertung

☆☆☆☆☆

MEINUNG ZUM COVER

Emotionen beim Lesen

1.

2.

3.

Lieblingsstelle im Buch

AUF SEITE:

Notizen zum Buch

KURZE ZUSAMMENFASSUNG · CHARAKTERE · GEDANKEN & EINDRÜCKE

REZENSIERT O JA O NEIN

REZENSIERT BEI ...

O

O

O

O

SOCIAL MEDIA · BLOG · PLANUNG

Dieses Buch ist ...

- O EINE HERZENSEMPFEHLUNG
- O NICHT MEIN DING
- O INSPIRIEREND
- O MEIN ABSOLUTES LESEHIGHLIGHT
- O HOCHSPANNEND
- O EIN TOLLES GESCHENK
- O SINNLICH
- O AUTHENTISCH UND EHRLICH
- O UNTER MEINEN TOP 10 BÜCHERN
- O EIN LITERARISCHES MEISTERWERK
- O TIEF BERÜHREND
- O RÄTSELHAFT UND FESSELND
- O EINE ECHTE ACHTERBAHNFAHRT
- O EINE SPRACHLICHE MEISTERLEISTUNG
- O HUMORVOLL UND UNTERHALTSAM
- O EIN ZEITLOSES MEISTERWERK
- O
- O
- O
- O

Buch Nr.:

MEINER GELESENEN BÜCHER

LESEBEGINN

LESEENDE

ENTDECKT DURCH

Buchcover

Buchtitel

Autor*in

Das Buch

BUCHGENRE

VERÖFFENTLICHT AM

SEITENZAHL

INFO

SPRACHE, VERLAG

Bewertung

☆ ☆ ☆ ☆ ☆

MEINUNG ZUM COVER

Emotionen beim Lesen

1.

2.

3.

Lieblingsstelle im Buch

AUF SEITE:

Notizen zum Buch

KURZE ZUSAMMENFASSUNG   CHARAKTERE   GEDANKEN & EINDRÜCKE

REZENSIERT O JA O NEIN

REZENSIERT BEI ...

O
O
O
O

SOCIAL MEDIA   BLOG   PLANUNG

Dieses Buch ist ...

- O EINE HERZENSEMPFEHLUNG
- O NICHT MEIN DING
- O INSPIRIEREND
- O MEIN ABSOLUTES LESEHIGHLIGHT
- O HOCHSPANNEND
- O EIN TOLLES GESCHENK
- O SINNLICH
- O AUTHENTISCH UND EHRLICH
- O UNTER MEINEN TOP 10 BÜCHERN
- O EIN LITERARISCHES MEISTERWERK
- O TIEF BERÜHREND
- O RÄTSELHAFT UND FESSELND
- O EINE ECHTE ACHTERBAHNFAHRT
- O EINE SPRACHLICHE MEISTERLEISTUNG
- O HUMORVOLL UND UNTERHALTSAM
- O EIN ZEITLOSES MEISTERWERK
- O
- O
- O
- O

Buch Nr.:

MEINER GELESENEN BÜCHER

LESEBEGINN

LESEENDE

ENTDECKT DURCH

Buchcover

Buchtitel

Autor*in

Das Buch

BUCHGENRE

VERÖFFENTLICHT AM

SEITENZAHL

INFO

SPRACHE, VERLAG

Bewertung

☆ ☆ ☆ ☆ ☆

MEINUNG ZUM COVER

Emotionen beim Lesen

1.

2.

3.

Lieblingsstelle im Buch

AUF SEITE:

Notizen zum Buch

KURZE ZUSAMMENFASSUNG · CHARAKTERE · GEDANKEN & EINDRÜCKE

REZENSIERT ○ JA ○ NEIN

REZENSIERT BEI ...

○

○

○

○

SOCIAL MEDIA · BLOG · PLANUNG

Dieses Buch ist ...

- ○ EINE HERZENSEMPFEHLUNG
- ○ NICHT MEIN DING
- ○ INSPIRIEREND
- ○ MEIN ABSOLUTES LESEHIGHLIGHT
- ○ HOCHSPANNEND
- ○ EIN TOLLES GESCHENK
- ○ SINNLICH
- ○ AUTHENTISCH UND EHRLICH
- ○ UNTER MEINEN TOP 10 BÜCHERN
- ○ EIN LITERARISCHES MEISTERWERK
- ○ TIEF BERÜHREND
- ○ RÄTSELHAFT UND FESSELND
- ○ EINE ECHTE ACHTERBAHNFAHRT
- ○ EINE SPRACHLICHE MEISTERLEISTUNG
- ○ HUMORVOLL UND UNTERHALTSAM
- ○ EIN ZEITLOSES MEISTERWERK
- ○
- ○
- ○
- ○

Buch Nr.:

MEINER GELESENEN BÜCHER

LESEBEGINN

LESEENDE

ENTDECKT DURCH

Buchcover

Buchtitel

Autor*in

Das Buch

BUCHGENRE

VERÖFFENTLICHT AM

SEITENZAHL

INFO

SPRACHE, VERLAG

Bewertung

☆ ☆ ☆ ☆ ☆

MEINUNG ZUM COVER

Emotionen beim Lesen

1.

2.

3.

Lieblingsstelle im Buch

AUF SEITE:

Notizen zum Buch

KURZE ZUSAMMENFASSUNG · CHARAKTERE · GEDANKEN & EINDRÜCKE

REZENSIERT O JA O NEIN

REZENSIERT BEI ...

O

O

O

O

SOCIAL MEDIA · BLOG · PLANUNG

Dieses Buch ist ...

- O EINE HERZENSEMPFEHLUNG
- O NICHT MEIN DING
- O INSPIRIEREND
- O MEIN ABSOLUTES LESEHIGHLIGHT
- O HOCHSPANNEND
- O EIN TOLLES GESCHENK
- O SINNLICH
- O AUTHENTISCH UND EHRLICH
- O UNTER MEINEN TOP 10 BÜCHERN
- O EIN LITERARISCHES MEISTERWERK
- O TIEF BERÜHREND
- O RÄTSELHAFT UND FESSELND
- O EINE ECHTE ACHTERBAHNFAHRT
- O EINE SPRACHLICHE MEISTERLEISTUNG
- O HUMORVOLL UND UNTERHALTSAM
- O EIN ZEITLOSES MEISTERWERK
- O
- O
- O
- O

Buch Nr.:

MEINER GELESENEN BÜCHER

LESEBEGINN

LESEENDE

ENTDECKT DURCH

Buchcover

Buchtitel

Autor*in

Das Buch

BUCHGENRE

VERÖFFENTLICHT AM

SEITENZAHL

INFO

SPRACHE, VERLAG

Bewertung

☆ ☆ ☆ ☆ ☆

MEINUNG ZUM COVER

Emotionen beim Lesen

1.

2.

3.

Lieblingsstelle im Buch

AUF SEITE:

Notizen zum Buch

KURZE ZUSAMMENFASSUNG CHARAKTERE GEDANKEN & EINDRÜCKE

REZENSIERT O JA O NEIN

SOCIAL MEDIA BLOG PLANUNG

REZENSIERT BEI ...

O

O

O

O

Dieses Buch ist ...

- O EINE HERZENSEMPFEHLUNG
- O NICHT MEIN DING
- O INSPIRIEREND
- O MEIN ABSOLUTES LESEHIGHLIGHT
- O HOCHSPANNEND
- O EIN TOLLES GESCHENK
- O SINNLICH
- O AUTHENTISCH UND EHRLICH
- O UNTER MEINEN TOP 10 BÜCHERN
- O EIN LITERARISCHES MEISTERWERK
- O TIEF BERÜHREND
- O RÄTSELHAFT UND FESSELND
- O EINE ECHTE ACHTERBAHNFAHRT
- O EINE SPRACHLICHE MEISTERLEISTUNG
- O HUMORVOLL UND UNTERHALTSAM
- O EIN ZEITLOSES MEISTERWERK
- O
- O
- O
- O

Buch Nr.:

MEINER GELESENEN BÜCHER

LESEBEGINN

LESEENDE

ENTDECKT DURCH

Buchcover

Buchtitel

Autor*in

Das Buch

BUCHGENRE

VERÖFFENTLICHT AM

SEITENZAHL

INFO

SPRACHE, VERLAG

Bewertung

☆ ☆ ☆ ☆ ☆

MEINUNG ZUM COVER

Emotionen beim Lesen

1.

2.

3.

Lieblingsstelle im Buch

AUF SEITE:

Notizen zum Buch

KURZE ZUSAMMENFASSUNG CHARAKTERE GEDANKEN & EINDRÜCKE

REZENSIERT O JA O NEIN

REZENSIERT BEI ...

O

O

O

O

SOCIAL MEDIA BLOG PLANUNG

Dieses Buch ist ...

O EINE HERZENSEMPFEHLUNG
O NICHT MEIN DING
O INSPIRIEREND
O MEIN ABSOLUTES LESEHIGHLIGHT
O HOCHSPANNEND
O EIN TOLLES GESCHENK
O SINNLICH
O AUTHENTISCH UND EHRLICH
O UNTER MEINEN TOP 10 BÜCHERN
O EIN LITERARISCHES MEISTERWERK
O TIEF BERÜHREND
O RÄTSELHAFT UND FESSELND
O EINE ECHTE ACHTERBAHNFAHRT
O EINE SPRACHLICHE MEISTERLEISTUNG
O HUMORVOLL UND UNTERHALTSAM
O EIN ZEITLOSES MEISTERWERK
O
O
O
O

Buch Nr.:

MEINER GELESENEN BÜCHER

LESEBEGINN

LESEENDE

ENTDECKT DURCH

Buchcover

Buchtitel

Autor*in

Das Buch

BUCHGENRE

VERÖFFENTLICHT AM

SEITENZAHL

INFO

SPRACHE, VERLAG

Bewertung

☆ ☆ ☆ ☆ ☆

MEINUNG ZUM COVER

Emotionen beim Lesen

1.

2.

3.

Lieblingsstelle im Buch

AUF SEITE:

Notizen zum Buch

KURZE ZUSAMMENFASSUNG · CHARAKTERE · GEDANKEN & EINDRÜCKE

REZENSIERT O JA O NEIN

REZENSIERT BEI ...

O

O

O

O

SOCIAL MEDIA · BLOG · PLANUNG

Dieses Buch ist ...

- O EINE HERZENSEMPFEHLUNG
- O NICHT MEIN DING
- O INSPIRIEREND
- O MEIN ABSOLUTES LESEHIGHLIGHT
- O HOCHSPANNEND
- O EIN TOLLES GESCHENK
- O SINNLICH
- O AUTHENTISCH UND EHRLICH
- O UNTER MEINEN TOP 10 BÜCHERN
- O EIN LITERARISCHES MEISTERWERK
- O TIEF BERÜHREND
- O RÄTSELHAFT UND FESSELND
- O EINE ECHTE ACHTERBAHNFAHRT
- O EINE SPRACHLICHE MEISTERLEISTUNG
- O HUMORVOLL UND UNTERHALTSAM
- O EIN ZEITLOSES MEISTERWERK
- O
- O
- O
- O

Buch Nr.:

MEINER GELESENEN BÜCHER

LESEBEGINN

LESEENDE

ENTDECKT DURCH

Buchcover

Buchtitel

Autor*in

Das Buch

BUCHGENRE

VERÖFFENTLICHT AM

SEITENZAHL

INFO

SPRACHE, VERLAG

Bewertung

MEINUNG ZUM COVER

Emotionen beim Lesen

1.

2.

3.

Lieblingsstelle im Buch

AUF SEITE:

Notizen zum Buch

KURZE ZUSAMMENFASSUNG CHARAKTERE GEDANKEN & EINDRÜCKE

REZENSIERT O JA O NEIN

REZENSIERT BEI ...

O

O

O

O

SOCIAL MEDIA BLOG PLANUNG

Dieses Buch ist ...

- O EINE HERZENSEMPFEHLUNG
- O NICHT MEIN DING
- O INSPIRIEREND
- O MEIN ABSOLUTES LESEHIGHLIGHT
- O HOCHSPANNEND
- O EIN TOLLES GESCHENK
- O SINNLICH
- O AUTHENTISCH UND EHRLICH
- O UNTER MEINEN TOP 10 BÜCHERN
- O EIN LITERARISCHES MEISTERWERK
- O TIEF BERÜHREND
- O RÄTSELHAFT UND FESSELND
- O EINE ECHTE ACHTERBAHNFAHRT
- O EINE SPRACHLICHE MEISTERLEISTUNG
- O HUMORVOLL UND UNTERHALTSAM
- O EIN ZEITLOSES MEISTERWERK
- O
- O
- O
- O

Buch Nr.:

MEINER GELESENEN BÜCHER

LESEBEGINN

LESEENDE

ENTDECKT DURCH

Buchcover

Buchtitel

Autor*in

Das Buch

BUCHGENRE

VERÖFFENTLICHT AM

SEITENZAHL

INFO

SPRACHE, VERLAG

Bewertung

☆ ☆ ☆ ☆ ☆

MEINUNG ZUM COVER

Emotionen beim Lesen

1.

2.

3.

Lieblingsstelle im Buch

AUF SEITE:

Notizen zum Buch

KURZE ZUSAMMENFASSUNG · CHARAKTERE · GEDANKEN & EINDRÜCKE

REZENSIERT O JA O NEIN

REZENSIERT BEI ...

O

O

O

O

SOCIAL MEDIA · BLOG · PLANUNG

Dieses Buch ist ...

- O EINE HERZENSEMPFEHLUNG
- O NICHT MEIN DING
- O INSPIRIEREND
- O MEIN ABSOLUTES LESEHIGHLIGHT
- O HOCHSPANNEND
- O EIN TOLLES GESCHENK
- O SINNLICH
- O AUTHENTISCH UND EHRLICH
- O UNTER MEINEN TOP 10 BÜCHERN
- O EIN LITERARISCHES MEISTERWERK
- O TIEF BERÜHREND
- O RÄTSELHAFT UND FESSELND
- O EINE ECHTE ACHTERBAHNFAHRT
- O EINE SPRACHLICHE MEISTERLEISTUNG
- O HUMORVOLL UND UNTERHALTSAM
- O EIN ZEITLOSES MEISTERWERK
- O
- O
- O
- O

Buch Nr.:

MEINER GELESENEN BÜCHER

LESEBEGINN

LESEENDE

ENTDECKT DURCH

Buchcover

Buchtitel

Autor*in

Das Buch

BUCHGENRE

VERÖFFENTLICHT AM

SEITENZAHL

INFO

SPRACHE, VERLAG

Bewertung

☆ ☆ ☆ ☆ ☆

MEINUNG ZUM COVER

Emotionen beim Lesen

1.

2.

3.

Lieblingsstelle im Buch

AUF SEITE:

Notizen zum Buch

KURZE ZUSAMMENFASSUNG CHARAKTERE GEDANKEN & EINDRÜCKE

REZENSIERT O JA O NEIN

REZENSIERT BEI ...

O O

O O

SOCIAL MEDIA BLOG PLANUNG

Dieses Buch ist ...

- O EINE HERZENSEMPFEHLUNG
- O NICHT MEIN DING
- O INSPIRIEREND
- O MEIN ABSOLUTES LESEHIGHLIGHT
- O HOCHSPANNEND
- O EIN TOLLES GESCHENK
- O SINNLICH
- O AUTHENTISCH UND EHRLICH
- O UNTER MEINEN TOP 10 BÜCHERN
- O EIN LITERARISCHES MEISTERWERK
- O TIEF BERÜHREND
- O RÄTSELHAFT UND FESSELND
- O EINE ECHTE ACHTERBAHNFAHRT
- O EINE SPRACHLICHE MEISTERLEISTUNG
- O HUMORVOLL UND UNTERHALTSAM
- O EIN ZEITLOSES MEISTERWERK
- O
- O
- O
- O

Buch Nr.:

MEINER GELESENEN BÜCHER

LESEBEGINN

LESEENDE

ENTDECKT DURCH

Buchcover

Buchtitel

Autor*in

Das Buch

BUCHGENRE

VERÖFFENTLICHT AM

SEITENZAHL

INFO

SPRACHE, VERLAG

Bewertung

MEINUNG ZUM COVER

Emotionen beim Lesen

1.

2.

3.

Lieblingsstelle im Buch

AUF SEITE:

Notizen zum Buch

KURZE ZUSAMMENFASSUNG CHARAKTERE GEDANKEN & EINDRÜCKE

REZENSIERT O JA O NEIN

REZENSIERT BEI …

O ……………
O ……………
O ……………
O ……………

SOCIAL MEDIA BLOG PLANUNG

Dieses Buch ist …

- O EINE HERZENSEMPFEHLUNG
- O NICHT MEIN DING
- O INSPIRIEREND
- O MEIN ABSOLUTES LESEHIGHLIGHT
- O HOCHSPANNEND
- O EIN TOLLES GESCHENK
- O SINNLICH
- O AUTHENTISCH UND EHRLICH
- O UNTER MEINEN TOP 10 BÜCHERN
- O EIN LITERARISCHES MEISTERWERK
- O TIEF BERÜHREND
- O RÄTSELHAFT UND FESSELND
- O EINE ECHTE ACHTERBAHNFAHRT
- O EINE SPRACHLICHE MEISTERLEISTUNG
- O HUMORVOLL UND UNTERHALTSAM
- O EIN ZEITLOSES MEISTERWERK
- O ……………
- O ……………
- O ……………
- O ……………

Buch Nr.:

MEINER GELESENEN BÜCHER

LESEBEGINN

LESEENDE

ENTDECKT DURCH

Buchcover

Buchtitel

Autor*in

Das Buch

BUCHGENRE

VERÖFFENTLICHT AM

SEITENZAHL

INFO

SPRACHE, VERLAG

Bewertung

☆ ☆ ☆ ☆ ☆

MEINUNG ZUM COVER

Emotionen beim Lesen

1.

2.

3.

Lieblingsstelle im Buch

AUF SEITE:

Notizen zum Buch

KURZE ZUSAMMENFASSUNG CHARAKTERE GEDANKEN & EINDRÜCKE

REZENSIERT O JA O NEIN

REZENSIERT BEI ...

- O
- O
- O
- O

SOCIAL MEDIA BLOG PLANUNG

Dieses Buch ist ...

- O EINE HERZENSEMPFEHLUNG
- O NICHT MEIN DING
- O INSPIRIEREND
- O MEIN ABSOLUTES LESEHIGHLIGHT
- O HOCHSPANNEND
- O EIN TOLLES GESCHENK
- O SINNLICH
- O AUTHENTISCH UND EHRLICH
- O UNTER MEINEN TOP 10 BÜCHERN
- O EIN LITERARISCHES MEISTERWERK
- O TIEF BERÜHREND
- O RÄTSELHAFT UND FESSELND
- O EINE ECHTE ACHTERBAHNFAHRT
- O EINE SPRACHLICHE MEISTERLEISTUNG
- O HUMORVOLL UND UNTERHALTSAM
- O EIN ZEITLOSES MEISTERWERK
- O
- O
- O
- O

Buch Nr.:

MEINER GELESENEN BÜCHER

LESEBEGINN

LESEENDE

ENTDECKT DURCH

Buchcover

Buchtitel

Autor*in

Das Buch

BUCHGENRE

VERÖFFENTLICHT AM

SEITENZAHL

INFO

SPRACHE, VERLAG

Bewertung

☆ ☆ ☆ ☆ ☆

MEINUNG ZUM COVER

Emotionen beim Lesen

1.

2.

3.

Lieblingsstelle im Buch

AUF SEITE:

Notizen zum Buch

KURZE ZUSAMMENFASSUNG CHARAKTERE GEDANKEN & EINDRÜCKE

REZENSIERT O JA O NEIN

REZENSIERT BEI ...

O
O
O
O

SOCIAL MEDIA BLOG PLANUNG

Dieses Buch ist ...

- O EINE HERZENSEMPFEHLUNG
- O NICHT MEIN DING
- O INSPIRIEREND
- O MEIN ABSOLUTES LESEHIGHLIGHT
- O HOCHSPANNEND
- O EIN TOLLES GESCHENK
- O SINNLICH
- O AUTHENTISCH UND EHRLICH
- O UNTER MEINEN TOP 10 BÜCHERN
- O EIN LITERARISCHES MEISTERWERK
- O TIEF BERÜHREND
- O RÄTSELHAFT UND FESSELND
- O EINE ECHTE ACHTERBAHNFAHRT
- O EINE SPRACHLICHE MEISTERLEISTUNG
- O HUMORVOLL UND UNTERHALTSAM
- O EIN ZEITLOSES MEISTERWERK
- O
- O
- O
- O

Die letzten Seiten deines Journals ermöglichen dir einen spannenden Rückblick auf 100 gelesene Bücher.

100 Bücher

GELESENE BÜCHER

GELESENE SEITEN

MEISTGELESENE GENRES

GENRES	ANZAHL

MEISTGELESENE AUTOR*INNEN

AUTOR*IN	ANZAHL

LÄNGSTES BUCH

KÜRZESTES BUCH

ANZAHL DER VERFASSTEN REZENSIONEN

ANZAHL DER LESETAGE

SCHÖNSTES LESEERLEBNIS

Nutze die Jahresstatistik, um zu ermitteln, wie viele Bücher du im Laufe eines Jahres gelesen hast. Dies ist unabhängig von den 100 Büchern und dient dir als spannende persönliche Statistik.

Jahresstatistik

BÜCHER												
<10	○	○	○	○	○	○	○	○	○	○	○	○
09												
08												
07												
06												
05												
04												
03												
02												
01												
Monat	*J*	*F*	*M*	*A*	*M*	*J*	*J*	*A*	*S*	*O*	*N*	*D*

Bewertet mit ...

★ STRICHLISTE FÜR BUCHBEWERTUNGEN

☆☆☆☆☆ ....

☆☆☆☆ ....

☆☆☆ ....

☆☆ ....

☆ ....

ISBN: 978 3 98942 359 6

2. Auflage 2025
2025 Stay Inspired!

Versand und Vertrieb
Nova MD GmbH
Raiffeisenstraße 4
83377 Vachendorf

Printed in Czech Republic
FINIDR, s.r.o.
Lípová 1965
737 01 Český Těšín

stayinspired.official
www.stayinspired.de